CLÉSINGER

SA VIE, SES ŒUVRES

PAR A. ESTIGNARD

Illustré de 22 Phototypies

DE LA

MAISON DELAGRANGE & MAGNUS A BESANÇON

LIBRAIRIE H. FLOURY
EDITIONS D'ART
PARIS 1, Boulevard des Capucines, PARIS
MDCCCC

AUGUSTE CLÉSINGER

CLÉSINGER

SA VIE, SES ŒUVRES

PAR A. ESTIGNARD

Illustré de 22 Phototypies

DE LA

MAISON DELAGRANGE & MAGNUS A BESANÇON

LIBRAIRIE H. FLOURY
ÉDITIONS D'ART
PARIS 1, Boulevard des Capucines, PARIS
MDCCCC

GALERIE

DES

PEINTRES & SCULPTEURS COMTOIS

PAR A. ESTIGNARD

Nous poursuivons notre œuvre en offrant aujourd'hui à nos lecteurs le quatrième volume de notre GALERIE DES PEINTRES ET SCULPTEURS COMTOIS.

Comme pour Gigoux, Baron et Courbet, c'est avec des documents inédits, des lettres intimes, des souvenirs personnels que nous avons reconstitué la vie de Clésinger. Nous n'avons négligé aucune recherche, nous avons recueilli de nombreux détails sur cette existence troublée, tout entière de luttes et de décep-

tions, nous avons essayé de juger son œuvre avec impartialité.

L'émule des Rudes et des Carpeaux était digne d'une étude approfondie, et a bien mérité la petite branche de laurier que nous venons déposer sur son tombeau.

AUGUSTE CLÉSINGER

Clésinger en 1850.

CLÉSINGER

1814-1883

Ses premières années. — Clésinger à Rome. — Son retour en France. — Clésinger en Suisse, à Paris, à Lausanne. — Ses découragements, ses enthousiasmes, ses tribulations, ses déceptions, sa misère. — Séjour à Paris. — Ses premiers succès.

I

La ville de Besançon a été de tout temps la patrie d'artistes, peintres ou sculpteurs d'un véritable talent. Au XVIIIe siècle, elle vit naître l'architecte dessinateur Pâris et le sculpteur Breton. Wirch et Gresly firent de Besançon leur patrie d'adoption, qui fut de nos jours le berceau des Gigoux, Baron, Chartran, Edouard Baille, Jules Franceschi, Isenbart, Cadé, Becquet, Clésinger, brillant bataillon qui ne se rencontre guère dans une ville de province.

Dans les premières années de notre siècle,

vivait à Besançon un sculpteur plein d'ardeur pour son art, qui gagnait sa vie à travailler le marbre, le plus souvent la terre et la pierre de Tonnerre ou de Franche-Comté ; il habitait rue Baron, une rue qui s'est élargie et a été baptisée du nom illustre d'un de nos généraux franc-comtois, le maréchal Moncey. C'était un vaillant au cœur d'or, tout dévoué à ses amis, père de neuf enfants, qui, par son travail, faisait vivre sa nombreuse famille, avait su conquérir la sympathie et l'estime publique, et s'était acquis, par un talent réel, une renommée dans sa ville natale. Il était élève de Bosio et de Flatters.

L'aîné de ces neuf enfants devait se faire, comme artiste, une situation exceptionnelle et un nom glorieux. Il était né le 20 octobre 1814, dans une casemate, alors que les alliés bombardaient Besançon ; lorsque son père le présenta sur les fonts du baptême, il lui donna le prénom de Jean-Baptiste ; mais toute sa vie, Jean-Baptiste fut appelé Auguste Clésinger.

On pourrait dire que c'est dans un atelier qu'il vint au monde. La première chose qui frappa les regards de l'enfant quand il commença à réfléchir, fut un ciseau de statuaire. Vigoureux et robuste, il mania de ses mains durcies de bonne heure l'ébauchoir, le ciseau et la pierre ; il put barbouiller les murs à sa volonté, modeler la terre glaise à sa fantaisie. Jeune, il fréquenta assez peu l'école et s'éprit bien vite d'une belle passion pour le dessin et la sculpture ; on n'avait point encore inventé l'enseignement obligatoire, et l'étude du dessin et de la statuaire avait pour l'enfant un attrait que ne lui présentaient pas les subtilités des règles sur les participes. Son père eut la sagesse d'encourager cette vocation d'artiste ; à la différence du père de Michel-Ange qui, podestat en Toscane, voulait faire de son fils un ambassadeur et se désolait parce que ce fils préférait le marteau à la plume, Clésinger père ne songea point pour son enfant à une autre carrière que la sienne. Tout son désir fut de s'assurer de ses aptitudes, puis de l'associer à ses travaux et de le faire étudier sous sa direction, avec le conseil de maîtres habiles. Le jeune homme était à même de profiter de ces leçons, et réussissait dessins et sculptures, à ce point que son père aurait pu dire de lui ce que Carle Vanloo disait de sa fille : « Elle sait dessiner avant d'avoir appris. »

Ce travail au ciseau devait être pour lui de la plus haute utilité. Clésinger acquit ainsi dès ses premières années une grande dextérité de main, une éducation manuelle ; il devait plus tard se sentir à l'aise pour exécuter les œuvres les plus difficiles et ne point voir son inspiration arrêtée par quelque mesquine difficulté technique.

Un de ses compatriotes, d'un flair étonnant, esprit lucide, coup d'œil net et prompt, reconnut dans le jeune Clésinger un tempérament artistique d'une rare vigueur : ce fut Charles Weiss, ce savant d'une bienveillance exquise, qui toute sa vie appliqua son esprit fin et pénétrant à distinguer le vrai talent et à favoriser son essor, qui fut le meilleur ami de Charles Nodier, le protecteur dévoué de littérateurs nombreux, des Fallot, Francis Wey, Charles de Bernard, X. Marmier, Gindre de Mancy, Louis de Ronchaux, et qui ne cessa en même temps de porter le plus vif intérêt aux travaux des peintres et des sculpteurs de notre pays, encourageant leurs efforts, applaudissant à leurs succès. Un de ses grands bonheurs fut d'aider la jeunesse, non seulement de ses conseils, mais de son influence et de son crédit. Weiss était lié avec Clésinger père et avec sa famille ; il lui conseilla d'aller en Italie, pour lui d'abord, puis pour son fils Auguste ; mais les ressources pécuniaires manquaient ; Weiss fit appel au Conseil municipal qui alloua une modeste somme aux deux Clésinger, Weiss aida lui-même de sa bourse les deux artistes : grâce à cet homme de cœur aussi dévoué qu'érudit, le jeune Clésinger ira causer sur les bords de l'Arno avec Donatello et Luca Della Robbia et sur les bords du Tibre avec Michel-Ange.

Au printemps de l'année 1832, le vieux sculpteur et son fils se mettent en route avec de nombreuses lettres de recommandation pour des personnages italiens. Il est facile de juger de la joie du jeune artiste, emportant avec lui la santé, la jeunesse, ses rêves de fortune et de gloire, s'élançant avec bonheur dans l'arène ouverte, sur le chemin de Rome, dans la vieille cité de Raphaël, du Bramante, de Michel-Ange, heureux de fortifier son talent naissant à la divine source de l'art, ébloui par cet horizon de chefs-d'œuvre qu'il allait étudier. A Rome, tous deux sont accueillis avec bienveillance par l'architecte Salvi, grâce au patronage de Monseigneur de Rohan. Clésinger père sculpte un bas-relief représentant Pâris faisant don à la ville de Besançon de sa collection de livres, de tableaux et d'antiques. L'œuvre représente Pâris debout présentant à la ville un écrit constatant la donation. La ville est assise, appuyée sur les armes de Besançon, dans une attitude de tristesse motivée par la mort de son donateur. Derrière elle est l'Histoire qui prend note de cette libéralité ; à côté de Pâris est le Génie de la mort. Le Génie des arts dépose une couronne sur la tête du mourant.

Quant à Auguste Clésinger il travaille d'abord avec ardeur, il dessine de nombreux monuments, il devient l'élève du fameux sculpteur danois Thorwaldsen, qui était alors dans tout l'éclat de sa gloire, que l'improvisatrice Rosa Taddei appelait le fils de Dieu, *figlio di Dio*, et qui était sans rival à Rome puisque les arts avaient perdu Canova en 1822 ; il est accueilli avec bienveillance par ce scandinave, un excellent homme aux yeux bleus, aux cheveux blonds, qui avait toute la simplicité du génie ; avec la soudaine intuition du Corrège devant la toile de Raphaël, il pressent déjà sa future destinée et sa supériorité. La renommée ou la fortune ne surprennent que ceux dont le hasard fera la ruine, comme il a fait le succès ; on se sent né Alexandre ou Michel-Ange, et le *Tu Marcellus eris* est écrit à la première page de toutes les destinées illustres. Pauvre, sans nom, sans autre appui que le dévouement d'un ou de deux amis, il voit le ciel artistique dérouler devant lui ses plus vastes horizons. Il écrit à Weiss, le 28 juillet 1832 : « Oui, j'espère qu'un jour je contribuerai à la gloire de ma patrie ; persuadez-vous, je vous prie, que tout ce que je fais et je ferai sera toujours dans l'unique but de faire mon devoir, afin que l'on puisse dire un jour : il avait toujours dans l'esprit sa chère patrie, et il a fait tout pour elle. Voilà toute mon ambition ; vous pouvez la faire connaître aux honorables membres du Conseil, et leur dire que le modèle que je me suis proposé est M. Pâris ; il me semble qu'il n'y en a pas de meilleur à suivre. »

Clésinger n'avait fait que des études primaires incomplètes ; son séjour à Rome, son initiation aux incomparables chefs-d'œuvre de l'antiquité, contribuèrent puissamment à réparer l'insuffisance de sa première éducation ; mais les mille séductions que présente l'Italie, les molles ardeurs de son ciel embrasé, devaient bien vite le détourner d'un travail soutenu.

Dès ses débuts, nous le trouvons ce qu'il fut sa vie entière, saisi d'enthousiasmes aussi prompts à disparaître que faciles à naître, se berçant de perspectives enivrantes auxquelles succèdent rapidement la fatigue et le dégoût, portant en lui-même son propre ennemi : une organisation ardente, passionnée, où l'élément du feu dominait, impatiente de tout frein et de toute discipline. Les entraînements de la jeunesse vinrent traverser ses études et lui faire oublier sa passion pour l'art, toutes ses bonnes résolutions, ses instincts honnêtes. Ses écarts de conduite firent assez de bruit pour que M. de Tallenay, premier secrétaire d'ambassade à Rome, et M. de Magnoncour intervinssent, le pressant, dans son intérêt même, de retourner en France au plus vite. Le 30 septembre 1833, M. de Magnoncour écrivait : « J'ai vu ici tous les jours notre compatriote Tallenay, il y est maître absolu, attendant sans impatience son ambassadeur ; c'est un homme fort distingué et qui fera grandement son chemin. Nous nous occupons tous deux de faire partir Auguste Clésinger qui a perdu ici son temps et qui finirait par tout perdre ; du reste, ce n'est pas lui que j'en accuse, mais son père. Ce qui est arrivé devait arriver : à 17 ans, sans guide, il est heureux qu'il n'ait pas fait pis dans une ville comme Rome. Depuis que je suis ici, je lui prédis ce qui lui arrivera ; je lui ai dit encore en partant pour Naples qu'il rejoindrait son père avant un an. Il a toujours tenu depuis la conduite la plus inconsidérée, la plus absurde possible. Son père doit travailler à lui remettre la tête doucement, avec fermeté, sans le brutaliser, pendant deux ans, et le faire beaucoup travailler, ensuite l'envoyer à Paris quatre ou cinq ans. Il sera alors en état de venir passer deux ou trois ans en Italie ; il en profitera mieux, car il doit

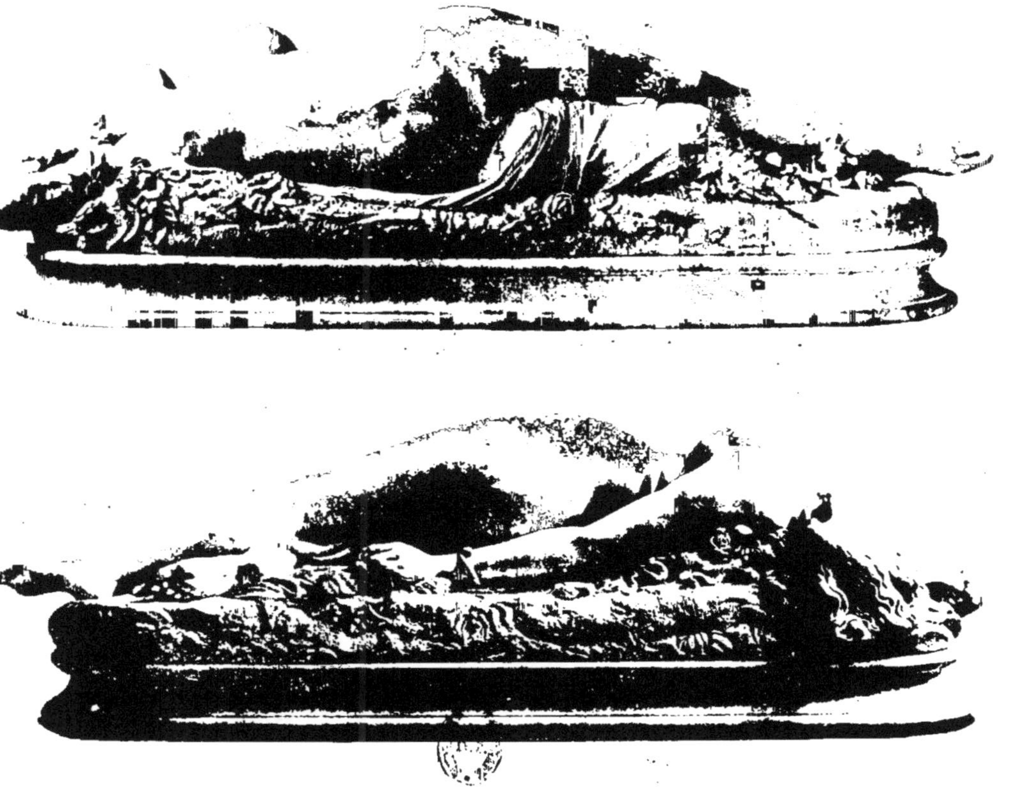

Femme piquée par un serpent, pages 50 à 54, 76, 92.

avoir la tête déjà formée pour comprendre Rome et en profiter. »

Le conseil était bon ; mais Clésinger n'était point facile à ramener à des études sérieuses et suivies. Il revint de Rome s'établir à Besançon, et là, malgré la surveillance active et les observations de son père, il continua avec Armand Barthet et quelques amis, sa vie de plaisirs et de dissipation, travaillant peu ou point, gaspillant son temps et le peu d'argent que pouvaient lui rapporter de rares commandes. En 1835, il est criblé de dettes, ce qui le préoccupe peu ; mais ses créanciers le pourchassent, le poursuivent judiciairement, ce qui l'exaspère. Condamné, il se voit déjà en prison. De Dole, il écrit à Weiss une lettre curieuse qui peint l'homme à l'imagination exaltée, allant aux extrêmes, comprenant ses fautes et désespérant de résister à ses passions : « Le premier individu venu qui mettrait la main sur moi pour m'arrêter tomberait mort à l'instant ; je suis armé jusqu'aux dents ; si c'est un avenir de honte que la loi me réserve, je prétends le savoir, car je prendrai mes mesures de suite ; je vois que je ne puis rien pour me sauver de moi-même et que peu de choses me suffiraient. Ne me jugez pas trop sévèrement, mon cher M. Weiss ; ne m'attristez pas davantage par une mauvaise lettre de reproches ; je sens que je l'ai méritée, mais encouragez-moi, car je me sens mourir. »

Il ne mourut point ; toutefois il dut quitter la France pour échapper à d'incessantes réclamations. En novembre 1835, le voilà qui abandonne le sol natal, sans savoir au juste ce qu'il va devenir, et en véritable enfant perdu. Ainsi, marchant d'étape en étape, il arrive à La Chaux-de-Fonds, le sac au dos, et portant avec lui sa fortune, ou pour mieux dire rien, pas même son ciseau. Le lendemain, il se met en route ; c'est lui-même qui va nous raconter son odyssée :

« Brisé par la douleur et le cœur saignant, je partis à pied de La Chaux-de-Fonds et je me dirigeai sur Neuchatel. Impossible d'y trouver les moyens de vivre ; je ne négligeai cependant pas de continuer l'album de mon voyage, que j'ai commencé en sortant de Besançon même ; je fis plusieurs croquis et rédigeai mes notes. Le lendemain, je repris mon bâton noueux, unique soutien de mon corps fatigué, et m'orientai sur Lausanne. Je ne vous cacherai pas toutes les beautés que j'ai rencontrées le long du lac de Neuchatel ; si j'avais eu la paix du cœur, jamais je n'aurais fait une plus belle journée ; je continuai de remplir mon album de ces trésors d'artiste que l'on ne fait qu'une fois. Il était onze heures du soir lorsque j'arrivai à Lausanne ; je venais de faire dix lieues. J'allai m'installer dans un mauvais taudis (seul palais qu'il m'appartienne désormais d'habiter), où, tombant de lassitude, je m'endormis bientôt. Le lendemain, je me remis en route, et, deux jours après, malgré la pluie, le vent et la neige, je vis Genève, où pour comble de malheur, j'eus beaucoup d'ennuis à cause de mon passeport qui ne porte ni mon nom ni mon signalement, et qui cependant m'a coûté bien cher.

« Voilà trois jours que je suis arrivé. Je suis allé chez trois ou quatre architectes afin d'obtenir d'eux quelques travaux. Savez-vous ce qu'ils m'ont répondu ? Que la saison était trop avancée et qu'ils n'ont pas assez de commandes pour occuper un dessinateur. Un moment, j'ai cru qu'un d'entre eux allait me recevoir , mais, m'a-t-il dit, d'ici trois ou quatre mois, lorsque je pourrai juger ce que vous savez faire, je vous emploierai avec des appointements ; vainement, leur ai-je représenté ma position précaire, je n'ai rien pu obtenir.

« Mille projets bizarres traversaient mon esprit, je ne savais auquel m'arrêter ; j'étais fou de souffrance et de désespoir, et, malgré la violence du vent et de la neige, je sortis de la ville, sans but, ne sachant trop où j'allais, lorsque mes yeux se dirigèrent vers les Alpes. A ce moment un éclair de joie et d'espérance jaillit de mon cœur, et mon projet fut enfanté de suite ; je rentrai dans le cabaret qui me sert d'hôtel, et là, après avoir passé plusieurs heures à réfléchir, j'ai pensé à vous, M. Weiss, certain que vous ne me refuseriez pas les faibles ressources nécessaires à l'accomplissement de ma vaste entreprise : je vais refaire le voyage d'Italie, non pas comme la première fois, mais en homme cruellement éprouvé. Je composerai douze albums où sera dessiné tout ce que j'aurai vu de curieux, concernant les arts, les mœurs, les traditions ; j'irai dans l'intérieur chercher les légendes ; accordez-moi assez de talent pour m'initier à tout ce qui regarde mon itinéraire, et j'ai l'espèrance de réussir.... Je retourne à Lausanne mardi ; de là, j'irai à Brieg, puis au Simplon, à Domo-Dossola, aux îles Borromée, à Milan où je séjournerai un mois, où j'étudierai Raphaël, tous les maîtres, où je prendrai des croquis des plus beaux monuments. Puis je verrai Mantoue, Padoue, Ferrare, Venise ; je m'embarquerai de là pour Trieste, Ancône ; je longerai l'Adriatique, puis l'Etna m'avertira de mon arrivée en Sicile, ou je resterai un mois. Si cela est possible, j'irai visiter les côtes de Grèce, et mon âme enthousiasmée tressaillera en approchant d'Athènes et de Lacédémone, où mes souvenirs me feront voir tant de belles choses ; puis je touche à Alexandrie, je reviens à Naples par la Calabre, je vois Pœstum avec ses trois temples, puis enfin, traversant les Marais Pontins, je vois Rome.... Rome ! là je travaille trois mois, et, dans ces trois mois, je veux revenir grand artiste ; puis Florence, Turin, Genève, Nice et la France, la patrie, où je viendrai le plus vite possible vous embrasser, vous livrer mes trésors, me jeter dans les bras d'un bon père qui aura pardonné mes étourderies de jeunesse.

« Voilà mon espérance, et je vous en prie, ne la détruisez pas.... Lorsque je reviendrai, je mettrai au net, avec votre aide, mon itinéraire d'Italie, je dessinerai sur bois toutes les vignettes, et nous les ferons imprimer ; mais avant de me livrer à tant de joies, je veux obtenir votre consentement et celui de mon père : allez le voir, je vous prie, dites-lui que son fils n'est plus ce qu'il suppose, que la raison a mûri chez lui, et qu'il est capable de réussir dans le plan qu'il s'est tracé.... »

Ce plan d'un homme sans ressources, voyageant un bâton à la main, ne sachant dans quel bouge il ira coucher le soir, comment il vivra le lendemain, ne ressemble-t-il pas au rêve d'une imagination folle, plutôt qu'à la conception d'un esprit raisonnable ?

Que devait penser Weiss avec sa nature calme, recueillie, et son bon sens, de ces projets de bohème qui juraient tellement avec ses habitudes de prudence et de sagesse ? Pouvait-il croire à une conversion qui se traduisait par des aspirations si irréalisables? Nous n'avons trouvé aucune trace de la réponse de Weiss. Qu'elle ait été bienveillante, nul doute, peut-être même encourageante pour ne pas éteindre cet enthousiasme, si éphémère qu'il le supposât ; quoiqu'il en soit, ce fameux voyage demeura à l'état de simple projet, oublié peut-être le lendemain du jour où Clésinger l'avait caressé.

C'est en 1838 qu'il vint à Paris pour la première fois. Ses impressions sont bien celles d'un artiste : « L'effet que j'attendais m'a trompé ; Paris est beau, mais quelle différence avec les villes d'Italie. » Il visita l'exposition de sculpture : « J'en ai été tout surpris. C'est donc là, me dis-je en moi-même, les chefs-d'œuvre de nos statuaires modernes ; heureusement que la statue de M. Jouffroy, élève de l'école de Rome, se trouve au milieu de ce conflit de bras, de jambes qui se menacent les uns les autres, de ces singulières grimaces que se font ces personnages plus singuliers encore. Le Caïn de M. Jouffroy ne fait que gagner au milieu de cet étrange amalgame. Cette figure de Caïn est véritablement belle, elle rappelle le beau torse du Belvédère ; la pose en est bien comprise, le mouvement et la douleur générale qui règne sur la figure ajoutent encore à la beauté de l'œuvre. Si j'avais une ou deux années d'études sérieuses, il me semble que je ferais quelque chose qui s'élèverait au moins aussi haut en renommée que la plupart des œuvres que j'ai vues. Ce qui m'attriste profondément, c'est que la sculpture, cet art si noble est peu en honneur, c'est que tout le monde, même les gens de goût, courent plutôt après une hideuse charge de Dantan qu'après quelque chose de beau et de grandiose... »

A la fin de cette année 1838, l'artiste se fit soldat, cuirassier en garnison à Melun ; mais son talent le dispensa à peu près de tout service. Le général qui commandait Melun apprécia ses rares aptitudes, le nomma brigadier-fourrier, puis en fit son secrétaire particulier, ce qui lui donna toute liberté de travailler le marbre la majeure partie de la journée. Clésinger en profita pour sculpter plusieurs bustes, notamment celui d'une demoiselle Dubin et celui du général Bougenel, qui fort satisfait de son secrétaire, le fit nommer à Paris.

A Paris, Gigoux le reçut à bras ouverts, vint visiter son atelier et lui conseilla d'entrer chez David. Ecoutons le récit de Clésinger lui-même : « M. Gigoux me dit qu'il allait se rendre chez M. David afin d'avoir mon entrée. Le lendemain, je fus très surpris de voir M. Gigoux venir chez moi accompagné d'un homme qui n'était autre que M. David lui-même ! Il a paru me prendre en amitié, m'a parlé de vous, m'a assuré qu'il se rappelait parfaitement de vos compositions, et qu'il serait enchanté de me compter parmi ses élèves ; il a trouvé mon groupe de Jean II parfait, sauf l'étude des attaches ; voici ses propres paroles : « Dans trois mois, en étudiant deux heures par jour d'après nature dans mon école, vous pouvez marcher tout seul ; vous êtes dans la bonne voie. » Je le remerciai infiniment et lui parlai d'une vierge que j'avais faite il y a deux ans, et là dessus je lui fis un croquis pour lui en montrer la composition ; il m'a demandé si ce serait exécuté en marbre, je lui répondis que non ; là-dessus il m'a assuré que si je refaisais le modèle pour l'exposition prochaine, je parviendrais à me faire connaître de suite, et qu'il se chargerait de me faire obtenir des travaux du gouvernement. Le lendemain je retournais chez M. Gigoux, il me fit part de ce qu'il espérait faire pour moi ; afin de mieux vendre

Le Printemps, page 65.

mon Jean II, il m'a proposé d'attendre avant de le faire exécuter en bronze, ajoutant qu'il se chargeait de le faire voir au duc d'Orléans, qui certainement encouragerait un sous-officier et lui paierait largement son travail, etc. »

Quelques jours après, Clésinger entrait chez David et racontait ainsi ses impressions, le 27 novembre 1839 :

« Hier au soir je reçus un billet de M. Gigoux, par lequel il me priait de me rendre chez lui de bonne heure ; vous pouvez juger de mon empressement : dès mon arrivée, M. Gigoux me dit : « M. David vous attend à dix heures chez lui, rue d'Assas, 14. » Je me hâtai donc de me mettre en route. M'étant fait annoncer, M. David me reçut encore mieux que je ne m'y attendais ; après m'avoir fait visiter tous ses ateliers, il me conduisit dans celui de ses élèves, en m'annonçant comme un des leurs. Ses élèves sont au nombre de quarante à quarante-cinq, presque tous de bonne famille bourgeoise ; il y a un ordre digne d'un petit séminaire, car le règlement affiché au milieu de l'atelier prescrit en vingt-cinq articles tous les devoirs auxquels les élèves doivent se conformer. Après une heure, M. David me ramena chez lui où il m'assura de sa bienveillance à me diriger et à m'être utile de son pouvoir.

Après l'avoir salué et remercié de tout ce qu'il faisait pour moi, je m'en retournai chez M. Gigoux où je lui fis part de ma réception parmi les élèves forts de M. David ; je le remerciai de ses efforts pour me donner, selon son expression, ce qui lui a manqué, à lui, qui a eu tant de difficultés d'étudier sur nature. Ainsi donc, cher père, me voilà en concurrence au milieu des meilleurs élèves et sculpteurs de Paris et sous la férule du meilleur maître. Avec le courage et le talent que j'ai déjà, dans trois mois je veux étonner les gens de l'art par mon groupe de vierge, que M. David et M. Gigoux considèrent comme la pensée la plus heureuse et la plus grande des beaux-arts.

» Aussi je dors heureux en pensant que le lendemain je vais à l'atelier de M. David, depuis sept heures du matin jusqu'à midi, travailler d'après nature, et depuis midi au soir, travailler à mon groupe de vierge. J'ai trouvé un atelier pour soixante francs par an, rue de Sèvres, à côté de l'atelier de M. David. Je n'attends que votre réponse pour le louer. »

Voilà donc Clésinger au comble de ses vœux sous la direction d'un grand sculpteur. Trois mois lui suffiront pour acquérir la science qui lui manque. Il va étonner le monde. Hélas ! l'enthousiasme de Clésinger pour son maître ne fut pas de longue durée. Le 11 juin 1840, il écrivait à son père :

« Le temps que je passe à Paris est fort agréable pour moi maintenant : le jour, je travaille chez le général Bougenel ; je m'exerce à faire le paysage, afin de faire pour le général un album digne de lui. Tout cela n'empêche pas de visiter les musées. Je ne vais plus chez M. David, il est mécontent d'apprendre que j'ai déjà des travaux, et l'on m'a prévenu que s'il savait que le ministre m'en commande, il pourrait essayer de me les faire refuser ; mais avec le général, je ne crains rien. »

Il nous a paru utile de reproduire cette longue correspondance ; elle prouve que Clésinger n'eut jamais d'autre maître que lui-même. Toutefois, sans contester les jalousies si fréquentes entre artistes, et dont l'histoire de l'art est émaillée, il est difficile d'admettre que David, surchargé de commandes, arrivé à l'apogée de sa haute réputation, s'effrayât d'une rivalité que l'on ne pouvait encore prévoir. Clésinger voulait arriver, arriver vite, et sans doute il devenait soupçonneux, quand on ne le servait pas à sa manière et selon le mérite qu'il s'attribuait.

Sur la fin de cette même année 1840, nous le retrouvons en Suisse, relativement heureux et satisfait de son travail : « Voilà donc cette année de 1840 qui va se terminer, écrit-il en décembre, l'ai-je bien employée ? Voilà la question que je me pose à tout moment. Malgré tout ce que l'on peut dire contre moi, malgré l'injustice criarde qu'on me fait subir, je vous avoue que je suis content de cette année 1840, sous plusieurs rapports, ne serait-ce le bonheur que vous m'avez procuré, bonheur dont je ressens si vivement le prix, que je vous proclamerai jusqu'à mon dernier jour mon protecteur et père. » En réalité, il a travaillé d'une manière fructueuse, avec ardeur ; il vient de terminer le buste du professeur Chavanne, tête d'un beau caractère qu'admirent tous les habitants de Lausanne ; il entreprend le buste du général La Harpe, de M. Perdonnet. Les journaux lui décernent des éloges ; il s'est en réalité, par son talent, créé, dans un pays étranger où il n'avait à son arrivée que fort peu de relations, une situation convenable. Ce n'est pas qu'il s'y trouve agréablement : la Suisse est des plus pittoresques, les sites en sont merveilleux, mais pour Clésinger, il n'y a qu'un pays où il soit possible de travailler avec succès, c'est l'Italie ; c'est là qu'il veut retourner le plus vite possible. « Ne croyez pas, ajoute-t-il dans cette même lettre de décembre 1840 que j'abandonne mon projet d'aller en Italie ; je veux avant tout devenir extrêmement fort, et je serai fier de réparer toutes mes fautes. car je ne rentrerai à Besançon que précédé par un nom brillant, une bonne renommée et toutes dettes payées. C'est en juin que je me propose d'exécuter mon voyage : alors je franchirai les Alpes : ô Italie, ma véritable patrie, je vais donc te revoir, ne sois pas ingrate envers moi et comble-moi de tes faveurs. »

Ce rêve de gloire, il le confiait souvent à son vieil ami Charles Weiss ; le 4 janvier 1841, il écrivait encore : « J'entre dans l'avenir que j'avais rêvé, je sens en moi cette fièvre salutaire qui fait enfanter des chefs-d'œuvre ; Michel-Ange, mon maître, tu vas donc donner de tes leçons à ton élève qui ne t'oublia jamais ; je vais m'abreuver à cette source sacrée. Ne me jugez pas trop sévèrement, j'ai la fièvre de l'art, je ferais mal si je vous cachais toutes les sensations qui roulent dans mon cœur ; je suis arrivé à cette époque de la vie où je dois donner une preuve à mes amis de mon changement bien entier. »

N'admirez-vous pas quelle place tient le rêve dans cette existence ? Ce que désire Clésinger lui semble réalisé ; il ne prévoit aucune difficulté, lui qui a vu s'évanouir tant d'espérances ; il ne devine même pas que sa pénurie habituelle va encore se dresser comme un obstacle. Et pourtant c'est encore faute d'argent que ce voyage d'Italie tant caressé échouera. Des années se passeront, sans qu'il lui soit possible de songer à partir pour cette terre promise des arts vers laquelle s'envolent depuis si longtemps ses vœux et ses espérances. Non-seulement les ressources pécuniaires, mais les commandes elles-mêmes font défaut ; parfois il est forcé de renoncer à la sculpture, parce qu'il est incapable de se procurer le bloc de marbre nécessaire, et alors il reprend son crayon et il fait des portraits à vingt francs. Tel est le métier qui soustrait à la faim l'auteur de Cléopâtre. Ces portraits, il les réussit, il saisit la ressemblance, et il a le coup de crayon habile, fin et vigoureux en même temps. « Un portrait, écrit-il à Weiss, m'en amène cinq autres » ; ce n'est ni le succès ni la fortune, c'est même du temps perdu pour le sculpteur ; mais Clésinger est résigné, il oublie ses souffrances, il remercie même la Providence d'être venue à son aide, il se console en songeant à Puget, qui vendait ses outils pour vivre, ce qui ne l'a pas empêché de se faire un nom immortel. « Si vous m'aviez vu, ces jours derniers, travaillant sans feu dans un grenier, vous auriez eu pitié de moi ; mon père aurait pleuré de voir ma misère et ma faim, car j'avais faim, et toujours le mot : rien, rien, me faisait travailler plutôt que de dormir ; enfin après avoir fini un dessin, je l'ai exposé : un anglais l'a trouvé de son goût et me l'a payé 50 francs, (cinquante francs, quelle fortune) ; j'en ferai d'autres. » Il travaille à un album qui sera, dit-il, magnifique et se composera de cent dessins représentant des monuments de Lausanne et de Genève et qu'il destine à Weiss pour son cadeau d'étrennes : il se propose d'illustrer de 150 vignettes sur bois une collection de fables que lui apporte un poète ; il commencera comme Gigoux a commencé, en illustrant des volumes, il en aura la force et ne perdra pas une heure, pas une minute.

Il compose et exécute une statue de Pandore au moment où elle va ouvrir la boîte fatale. « Ce que cela m'a coûté de peine et de travail est incalculable. Là était l'étude vraie et solide ; là je devais produire tout le difficile de l'art qui est jeunesse extrême, grande simplicité de mouvements, finesse de la draperie et expression du regard ; je ne puis me flatter d'avoir réussi, car j'ai compris combien j'avais besoin d'étudier pour être véritablement artiste. Ah ! mes beaux jours perdus dans la paresse et le débordement, combien je vous regrette !

« Lundi prochain, je vais commencer le moulage de ma statue. La première œuvre d'art qui soit sortie de mes mains, je vous l'ai dédiée, mon cher Monsieur Weiss, ainsi qu'à M. de Magnoncour. Si vous saviez combien j'avais de courage, en modelant ce si beau corps de femme, cette belle draperie, car je songeais au plaisir que cela vous procurerait et je me disais que M. Weiss, M. de Magnoncour, mon père et tous mes concitoyens verraient que sur la terre d'exil je songeais à eux.

« Vous ne pouvez croire combien ce travail m'a fait de bien : mes yeux se sont dessillés ; sans doute, il me reste beaucoup à faire avant de parvenir au titre d'artiste ; mais combien d'espérances cette statue m'a fait naître ! »

Arrêtons-nous un moment sur une qualité de Clésinger, la reconnaissance ; d'un bout à l'autre de sa vie, dans les lettres écrites à cet excellent ami qu'il vénère à l'égal de son père, Clésinger revient sans cesse sur le sentiment de gratitude dont il est pénétré envers le généreux protecteur qui ne lui a pas plus marchandé l'assistance matérielle que le conseil. La gloire sur laquelle il compte, il veut que Weiss la partage ; jamais il ne faiblit sous ce rapport ; il deviendra sculpteur renommé, il veut que Weiss et la Franche-Comté soient fiers de lui

L'automne, page 65.

Mais si nous estimons à leur valeur ces manifestations de reconnaissance qui sont à l'honneur du caractère de Clésinger, nous devons aussi constater quel dévouement ont conservé pour Weiss tous les hommes si nombreux qu'il protégea à leurs débuts, et admirer combien était grande sa puissance d'attraction, pour que ses services ou ses conseils ne rencontrassent jamais d'ingratitude.

Ces quelques mois sont pour Clésinger une époque de sa vie des plus laborieuses. L'espoir succède au découragement ; il a confiance dans l'avenir, il a la jeunesse, la joie du travail, l'amour de l'étude, une noble ambition, la confiance dans son talent. Puis, il est arrivé à se persuader qu'il n'a plus de dettes, ou du moins plus de créanciers trop rapprochés de lui. Il est en faveur et il ne tient qu'à lui de s'y maintenir dans un pays où la sculpture est chose toute nouvelle et où elle n'a pas besoin de l'attrait de la nouveauté pour paraître belle sous la main de notre compatriote. Il a d'ailleurs des qualités aimables à côté d'une extrême légèreté, et il a su s'entourer d'amis dévoués que lui ont créés surtout l'affectueux dévouement et les recommandations de Charles Weiss. Enfin, il paraît décidé à chercher l'économie dans sa manière de vivre ; il parle de rembourser Weiss qui ne lui demande rien. Il quitte l'hôtel Gibbon pour vivre à meilleur marché ; il supplie un de ses amis, M. Porchat, de Lausanne, de devenir son caissier. Le 25 juin 1841, il écrit : « Monsieur Secrétan, qui est un docteur en médecine, m'a avancé, sur le buste de M. Perdonnet et sur son buste, la somme de 827 fr. afin de solder des petits comptes et pour me procurer 500 fr. destinés à mon voyage de Rome. Aussi, je ne puis vous dire tous le charme que j'éprouve le soir en m'entretenant d'avenir avec lui ; si vous saviez quelle différence maintenant existe dans ma conduite ! Je suis quelquefois lent à me reconnaître... Je vous l'avouerai, je suis heureux, heureux, c'est-à-dire que je ne dois rien à personne, que je me porte à merveille et que j'ai de l'argent à toucher. Je vous dis toutes ces choses, parce que je sais combien vous m'affectionnez. Depuis quelque temps, je songe à mon groupe d'Adam, Ève et Abel ; je l'ai tellement dans la tête, qu'à la vue de Rome, des chefs-d'œuvre de Michel-Ange, j'espère faire une œuvre digne de me valoir un nom. »

Mais ce bonheur relatif, cette vie laborieuse, exempte de préoccupations trop vives, ne devaient pas être de longue durée ; six mois s'écoulent, et le 5 janvier 1842, il traçait, de Divonne, à ce même Charles Weiss, l'éternel confident de ses pensées, le tableau douloureux de ses tribulations.

« Vous devez vous souvenir de tous les beaux rêves que je formais il n'y a pas longtemps. Hélas, le destin est plus fort que moi. Triste est ma vie ; voilà six mois que je ne vous ai pas écrit, et je ne sais pourquoi je vous envoie ces quelques mots. A cette heure, je suis dans une mauvaise chambre d'un boulanger de village, malade de privations, de chagrin.... mes pensées sont aussi tristes que le vent qui siffle à travers les volets mal joints de ma fenêtre ; je ne sais si je dois vous en dire davantage ; n'avez-vous pas été assez tourmenté à cause de moi ? Maintenant que j'ai lutté tant que j'ai eu la force et le courage pour arriver à un noble but, maintenant que j'ai passé par toutes les humiliations possibles, que j'ai usé la vie extrême que je possédais, que j'ai traîné ce reste de vie aussi longtemps que j'ai cru pouvoir m'y raccrocher, maintenant que me voilà réduit, vaincu dans cette lutte à mort que j'avais engagée avec la misère et la gloire, qu'abandonné de tous, je me meurs, eh bien ! mon cher Monsieur Weiss, je ne regrette rien, rien.

» L'expérience est faite ; il m'est démontré qu'avec tout le talent possible l'on meurt de faim, si l'on ne possède ni crédit ni fonctions publiques. J'ai voulu résoudre ce problème, je suis victime de ma témérité.

» Vous savez qu'au mois de juillet dernier je partis de Genève avec 500 francs, je vais vous décrire comment je suis arrivé où je suis.

» Après mon départ, l'avocat qui devait soutenir mon procès me vole 450 francs et la lettre à charge que je lui avais confiée, puis l'on saisit le fruit de mon travail, le buste Perdonnet, le buste Laharpe ; cependant ne perdant pas courage, j'arrive à Genève, je fais deux beaux bustes pour l'exposition ; cela ne m'en produit pas d'autres ; je prends l'huile, je fais deux grands portraits très ressemblants, rien, rien ; je fais de la mine de plomb, de la sépia, rien, toujours rien, si ce n'est pas mal d'argent dépensé ; je pars, je fais viser mon passeport et me voilà à Turin ; là, pas plus qu'ailleurs. Le temps où les grands prenaient en pitié les artistes est passé ; je reviens à Genève, mais jamais une pièce de cent sous à gagner. Je ne puis vous dépeindre les souffrances horribles que j'ai endurées ; je ne veux ni ne prétends vous les détailler ; car si je me les suis attirées par ma conduite passée, j'avais droit, pour les nobles efforts que j'ai tentés à plus d'encouragement ; n'ayant presque plus rien, j'ai repris le chemin de la France, et j'arrive ici, où je suis tombé malade, suite inévitable de tant de chagrins. J'ai écrit à Lausanne, pas de réponse ! que faire ?

» Je vous demande des conseils d'ami, comme si des conseils pouvaient me sauver. Si, comme je l'espère, je venais à me rétablir, je me mettrais en route et j'irais vous embrasser, vous prier de me conduire chez mon père, car j'ai beau tourner mes regards de tous côtés, plus d'espérance ; peut-elle revivre ? »

Cette lettre est navrante. Quel contraste avec celle où il voyait la fortune le conduire à la gloire ! Est-il innocent de sa misère ? Le désordre dans les idées, dans la conduite ne sont-ils pour rien dans les maux qui fondent sur le sculpteur ? Nous ne voudrions pas l'affirmer, mais si quelques fautes ont amené la situation dont se plaint Clésinger, la punition est bien rude.

Les années passées en Suisse à cette époque constituent pour Clésinger toute une série non interrompue de tribulations, de déceptions et d'ennuis. Tantôt il manque de commandes, tantôt il manque de marbre, toujours il manque d'argent. Il supplie à diverses reprises son père et son ami Charles Weiss de lui venir en aide : « Heureux, se disait-il, les grands sculpteurs d'Italie, Michel-Ange, Donatello, Luca della Robia, Philippe Carlone ; ils ont trouvé des papes éclairés, des princes généreux, des bourgeois enrichis et prodigues, qui ont payé leurs chefs-d'œuvre ; je demande un bloc de marbre et l'on me refuse et marbre et argent. »

Il ne comprend pas que sa réputation est à faire, que s'il sent sa force, s'il sait de quoi il est capable, il faut encore en convaincre le public, et qu'il lui reste à accomplir la tâche difficile par excellence, celle à laquelle ont succombé tant d'hommes de talent, de forcer la renommée à publier son nom et à le proclamer un grand sculpteur. Il se connaît, mais le monde l'ignore.

Et pourtant les protecteurs ne lui manquent pas. En 1843, il est établi à Paris, dans un atelier rue de l'Ouest, à côté de son compatriote Jean Petit ; il est appuyé par M. de Magnoncour et par M. Tourangin, préfet du Doubs. Tous deux se rendent chez le duc de Nemours : « M. le Préfet, écrit Clésinger s'adressant à son père, s'est attaché surtout à faire connaître au prince tous les sacrifices pécuniaires que vous aviez faits pour moi et combien, vous aussi, vous aviez de talent. Le prince a promis à M. le Préfet et à M. de Magnoncour toute sa protection pour m'obtenir des travaux, et vendredi prochain je dois avoir une lettre du duc de Nemours qui m'indiquera le jour de son audience. Toute ma joie, cher père, vient de celle que vous devez éprouver en apprenant que c'est à mon talent, que j'ai reçu de vous, que je dois toutes ces faveurs. »

Pour témoigner à ses protecteurs toute sa gratitude, Clésinger fait le buste de Charles Weiss, pétillant de vie et d'esprit, et celui d'une femme du monde fort belle, ayant gracieux visage et grand air, Madame de Magnoncour.

Il travaille à cette même époque à la statue équestre et au buste du duc de Nemours.

Il compose un groupe charmant représentant les enfants de M. Aguado et un lévrier couché à leurs pieds. Le tout est fort apprécié de M. Aguado et de M. de Nieuwerkerke.

Aussi l'espérance lui revient : « Je compte plus que jamais réussir, écrit-il à son père ; je me donne une peine infinie, afin de terminer mes marbres comme pas un sculpteur ne l'a fait. Je serai récompensé, d'abord par les travaux et la réputation, puis par le contentement que je vous procurerai. J'ose espérer que la conduite et le travail de cette année effaceront de votre mémoire les années écoulées, années malheureuses pour moi comme pour vous, où tous nous avons souffert, où il n'y a que des regrets ; ne m'épargnez pas vos conseils. »

AUGUSTE CLÉSINGER

CLÉSINGER

Les années heureuses. — Les succès de Clésinger. — Sa notoriété. — *La Femme piquée par un serpent.* — Enthousiasme du public. — L'artiste devenu célèbre. — Son mariage. — La Révolution de 1848. — *Lesbie.* — *La Tragédie.* — *Le François Ier*. — Départ pour l'Italie.

II

Nous sommes arrivés à 1844.

De cette année date réellement la carrière de l'artiste. S'il n'est pas toujours heureux et exempt de tribulations et d'ennuis, du moins la misère atroce, poignante ne l'étreindra plus. Jusqu'à ce jour, sa vie a été celle d'un Bohème courant de ville en ville, de France à l'étranger, avec une queue de dettes véreuses, et tous les soucis matériels de l'existence. Le voilà à peu près libéré de préoccupations étrangères à son art. Il semble que l'heure du travail fécond va sonner, qu'un avenir brillant va s'ouvrir, et que Clésinger pourra enfin se montrer dans l'éclat de son talent. Hélas ! ce temps d'épreuves, pendant lequel tremble indécise la balance du succès, se prolongera toujours ; ses travaux seront constamment mêlés d'inquiétudes et d'espérances, et ses dernières années augmenteront encore l'amertume de son esprit disposé à l'irritation et à une fierté excessive.

La sculpture alors comptait des maîtres éminents. David d'Angers qui continuait les traditions de la pensée française, Barye qui marquait de la puissante empreinte du génie des statues d'animaux, Pradier qui se perdait dans la langueur d'une sensualité un peu affadie, le vieux baron Bosio, Auguste Preault éveillaient dans la foule de vives sympathies. Il y avait dans les arts comme dans les lettres un mouvement, un rayon de jeunesse ; il y avait lutte entre certaines individualités ; il y avait de la vie. La sculpture délaissée avait repris faveur. Par ses brillants succès, par ses triomphes éclatants elle démontrait la puissante vitalité de l'école française, son incomparable souplesse, son extrême variété, sa supériorité incontestable, supériorité qui s'est maintenue jusqu'à nos jours. A l'heure présente, dans aucun pays on ne fait parler le marbre comme en France, et le glorieux héritage que nous a légué le XVIIIe siècle n'est point tombé en des mains dégénérées.

Clésinger se laisse réduire par les charmes de l'antiquité, sans se laisser absorber par elle, marchant droit son chemin, spontané et résolu en ses inspirations.

Après avoir composé un Christ et exécuté le buste de Madame de Valdahon, il modèle un groupe de grandeur naturelle représentant Adam et Ève retrouvant le corps d'Abel. « Je ne crois pas, écrit M. de Magnoncour, député du Doubs, qu'il y ait un artiste capable de présenter une œuvre plus élevée, plus fortement sentie. Il n'y a pas dans notre province un seul sculpteur qui puisse être comparé à Clésinger, et il a suffisamment de talent pour devenir un des plus grands maîtres de notre époque. »

Le buste de Nodier date de cette même année 1844. Nodier venait de mourir. Plusieurs artistes se disputaient l'honneur de reproduire ses traits. Clésinger obtient la préférence et se montre digne de cette marque d'estime. L'œuvre est d'une ressemblance très exacte, d'un modelé ferme et savant, et rappelle la physionomie spirituelle et en même temps rêveuse et triste de l'éminent écrivain. Quelques jours suffisent à l'artiste : « J'ai travaillé avec ardeur sans désemparer, écrit-il à

Weiss, désireux d'attacher mon nom à un nom célèbre ; ne serait-il pas possible que mon marbre prît place dans la salle principale de la ville de Besançon ? Je suis heureux d'avoir réussi, il ne me manque plus que votre approbation. » Enfin deux autres bustes, surtout celui de Scribe, attirent de plus en plus l'attention et donnent une première idée de sa souplesse et de son habileté.

Rêve d'amour, qui fut terminé à cette époque, dénote encore plus de talent. Clésinger ne s'y trompait point : « L'on moule aujourd'hui, dit-il à son père, le modèle de la statue que j'intitule *Rêve d'amour* ; je ne pense pas que l'antiquité et les temps modernes aient traité un sujet aussi difficile ; je crois que je m'en suis bien tiré, je reçois des compliments de tous côtés.... Vous avez raison de penser que j'ai fait plus que je ne pouvais ; j'ai énormément travaillé ; j'espère que vous devez voir enfin que je vaux quelque chose et que par la suite, j'aurai une haute position dans les arts. Tout dépend de l'achat de cette statue pour laquelle j'ai tout sacrifié et qui fait parler d'elle dans les journaux ; il y a eu encore trois articles ces jours derniers et l'on me place côte à côte avec Pradier. »

En recherchant surtout l'expression dans *Rêve d'amour*, Clésinger, cédant à sa nature, abandonnait en réalité les traditions de l'antiquité. La sculpture antique n'avait habituellement pas pour but l'expression. La beauté des lignes, leur harmonie, un calme profond dans les traits comme dans la pose, constituaient pour les anciens les caractères essentiels de la beauté auxquels ils sacrifiaient tout le reste. Le *Laocoon, Niobé et ses filles,* voilà presque les seuls échantillons de sculpture où la passion ait un rôle ; mais on est toujours de son temps : le moyen âge tourmenté a apporté, dans la statuaire même, le mouvement qui l'agitait ; cette admirable pureté de l'art grec a paru froide un moment, et le fougueux Clésinger ne pouvait manquer de faire jaillir du marbre la vie.

En 1845, sa réputation grandit chaque jour, il est discuté dans les journaux, il a des partisans ardents, notamment Alexandre Dumas et Emile de Girardin : il en est qui le proclament le plus grand statuaire de l'époque. « Je crois, écrit-il à un de ses amis, que je serai le premier au salon de cette année, que je serai décoré, enfin que j'aurai acquis cette position tant souhaitée, tant jalousée et que seul j'aurai conquise à mon âge : oui, je sacrifierai tout, car je sais que cela me conduit à la fortune et à la gloire. Vous ne pouvez vous faire une idée de la jalousie de mon rival M. P...; tout est mis en œuvre pour me faire échouer :

promesses, offres d'exécuter pour rien ce que j'ai à faire, journalistes, femmes, etc., etc. Rien n'y manque. Heureusement que j'ai su me ménager aussi des admirateurs et de bons amis, et mon succès est assuré. J'ai su enlever à M. P. tous ses journaux, *la Presse,* M. Théophile Gauthier, qui est journellement à l'atelier et qui a dîné hier avec moi, M. Thoré du *Constitutionnel.* C'est moi qui ferai le feuilleton de la sculpture, car le journal appartient maintenant à Mosselmann et j'ai sa parole. Madame Georges Sand, pour la *Revue indépendante*, et M. de Lécluse pour le journal *des Débats*, ce dernier surtout, m'apprécient beaucoup. Patience, patience..... Dans huit jours, je vais exposer six marbres dans mon atelier et y convier tous mes amis, Monseigneur le duc de Nemours, le duc de Montpensier, MM. les ministres ; j'ai déjà reçu la visite des ambassadeurs d'Angleterre et d'Espagne ; ils reviendront ; enfin je suis au dernier échelon : j'arrive, j'arrive. »

Cette lettre ouvre une vue sur les coulisses où se préparent les réputations : il ne faut pas seulement du travail et un remarquable talent, il faut encore les amis influents, l'appui des journaux ; il faut pouvoir lutter contre les jalousies, contre l'indifférence même d'un public disposé à accepter toutes faites les opinions des directeurs du goût.

L'Amour vainqueur, page 91.

La Nuit, page 91.

En art comme en toute autre chose, les masses se figurent être indépendantes, alors qu'elles obéissent à des habiles qui parfois les trompent, qui le plus souvent, comme pour Clésinger, sont sincères et vrais dans leurs éloges.

En 1846, l'artiste expose la *Mélancolie* et le *Faune enfant*.

La *Mélancolie* nous est représentée sous les traits d'une femme assise, enveloppée d'une draperie qui découvre à peine le bout d'un pied nu. Cette femme est d'une natune fine et délicate. La précision dans les lignes ne nuit ni à la souplesse ni à la grâce. Le bras droit soutient la tête qui exprime une gamme assez étendue d'idées et de sentiments. La *Mélancolie* pourrait s'appeler la rèverie, ou la méditation, ou de quelque autre dénomination choisie dans un certain groupe d'abstractions.

Le *Faune enfant* montre dans tout son éclat le talent d'exécution de Clésinger. Un Faune, quel sujet rebelle ! L'auteur le sait ; c'était donc à l'exécution que l'œuvre devait demander toute sa valeur. Aussi l'artiste a travaillé ce petit marbre avec une recherche infinie, et a fait preuve d'une habileté rare, de beaucoup de main. Peut-être, en caressant le petit détail, l'a-t-il un peu trop accusé, et a-t-il fait perdre à la figure de l'enfant le charme de jeunesse qui devait tout d'abord s'y remarquer. Par sa pose un peu tourmentée, ce petit Faune rappelle la sculpture du XVIIIe siècle dont il offre quelques-unes des qualités coquettes.

Malgré l'importance de ces œuvres, Clésinger était loin d'avoir acquis une très haute notoriété. Le moment était venu où la foule allait exalter, glorifier son nom. Il est des gens qui se font une haute réputation par une accumulation de succès répétés, il en est d'autres qui se révèlent tout d'un coup, et éclatent comme un coup de foudre, à la façon d'une bombe.

C'est au salon de 1847 que la *Femme piquée par un serpent* lui conquiert la célébrité.

Le naturalisme audacieux de cette belle créature couchée sur un semis de fleurs et qui par la grâce, la souplesse, l'élégance reportait la pensée aux monuments de l'art grec, produisit à la fois sensation et scandale. Ce fut dans le monde des arts une rumeur extraordinaire.

Le clan de l'Institut était encore tout puissant et fort hostile aux témérités du réalisme. Quand on vit ce corps qui se tordait en palpitant avec un soubresaut sensuel, les puristes se voilèrent la face. La critique mena grand bruit. Les éloges, les dithyrambes l'emportèrent.

Théophile Thoré consacra à Clésinger tout un

feuilleton et dépeignit le fameux marbre sur le mode lyrique : « Quel serpent l'a donc piquée ? Comme elle se tord ! Comme ses beaux flancs s'agitent et soulèvent des reliefs superbes ! Comme la tête renversée se baigne dans les flots de la chevelure ! Comme les bras sont crispés ! Comme la poitrine est pleine de tempêtes ! etc. » Il déclarait que cette jeune femme nue était une des plus charmantes statues de l'école moderne, que Clésinger était un sculpteur de franche race, spontané, ardent comme toutes les organisations un peu sauvages, résolu comme tous les tempéraments passionnés : « .... Il est de la famille de Coysevox l'infatigable, et allié de loin — par les femmes — à Rubens. Il fait une statue comme on va dans une bataille, avec un emportement qui ne connait pas d'obstacles, avec une bravoure qui profite de l'imprévu. C'est le Murat de la statuaire. » Toutefois l'écrivain ajoutait : « Il y a plus de bonheur aventureux que de combinaison profonde dans ses succès... Clésinger est très propre à sculpter les images frémissantes, les agitations extérieures, l'exubérance de la vie sensuelle, les splendeurs de la beauté physique. Peut-être serait-il embarrassé de pénétrer dans ces caractères intimes et calmes qui appartiennent à certains types sublimes de la nature humaine. Il ferait mieux Aspasie que Platon, Ninon de Lenclos que Molière. »

Théophile Gauthier n'était pas moins enthousiaste et dans une de ses plus belles pages chantait la femme voluptueuse. « qui a reçu en pleine poitrine une des flèches du carquois d'Eros. »

Cette ardeur à applaudir fut un instant tempérée par des voix discordantes : Arrêtez-vous, cria-t-on au sculpteur, on n'entre pas dans le monde en cassant des vitres ; on n'arrive pas à la célébrité en quelques minutes. Gustave Planche, qui était pour le quart d'heure le Jupiter de la critique, brandit ses foudres qui faisaient tout trembler ; il protesta contre l'engouement général, et soutint que le public rendrait bientôt à l'oubli le nom même de Clésinger. « L'œuvre de Clésinger, écrivit Gustave Planche, n'a pas le caractère d'une figure modelée, mais d'une figure moulée. Le modèle offrait des pauvretés, des détails mesquins que l'art sérieux dédaigne et néglige et que M. Clésinger n'a pas su effacer. L'auteur a respecté les plis du ventre, parce que le plâtre les avait respectés. Il a conservé la flexion des doigts du pied gauche qui ne signifie autre chose que l'habitude de porter une chaussure trop courte, etc., etc. La statue en marbre d'une *Jeune Néréide* et le groupe des enfants du marquis de *Las Marimas* fournissaient malheureusement à Gustave Planche des arguments qui n'étaient pas sans valeur : « Dans le groupe, disait le critique sévère, la réalité est complètement absente. M. Clésinger nous donne la nature telle qu'il la voit ; comme il ne sait pas la reproduire il nous montre deux enfants dont le modèle n'existe nulle part. Les proportions ne sont pas observées ; le torse n'a pas la longueur voulue. Celui qui a fait les deux enfants ne peut avoir fait la figure de la *Femme piquée.* »

Les coups de massue de Gustave Planche n'atteignirent pas Clésinger et l'opinion publique ne modifia point ses sentiments enthousiastes. La *Femme piquée* et l'*Orgie romaine* furent les deux succès du salon ; c'est que Clésinger reprenait avant Carpeaux les traditions du XVIIIe siècle français ; il montrait un des premiers quelques-unes de ces figures de grand luxe ou la chair palpite, où la vie déborde ; il séduisait le public, parce qu'il faisait preuve d'un esprit hardi, d'un talent vigoureux, parce qu'il avait dans ses compositions de l'opulence, et de la grâce, une allure expansive, toutes les vaillances d'une énergique nature. La seule chose que l'on pourrait blâmer, c'est que le visage n'exprime pas suffisamment l'effroi et la souffrance. Clésinger a fait frémir sous la caresse d'un baiser invisible le corps voluptueux de son modèle. L'exécution manque aussi dans certains détails de précision ; il y a beaucoup de talent, il y a aussi de l'habileté matérielle et de l'adresse. La *Femme piquée* n'en est pas moins un marbre de premier ordre, qui produit dans son ensemble une impression saisissante. Clésinger avait eu le bonheur de rencontrer sur sa route un merveilleux modèle, une superbe fille, comédienne de l'Odéon, et il avait su animer d'une grâce souveraine ce beau corps, cette splendide nature. C'est une de ses créations les meilleures. Jamais il n'approchera davantage du chef-d'œuvre qu'il devait entrevoir toute sa vie, poursuivre par bonds inégaux et ne jamais atteindre.

Il travaillait alors à la statue de Georges Sand et se trouvait ainsi en relations avec sa fille. L'idée lui vint de se marier et d'épouser Mademoiselle Solange-Gabrielle du Devant. Elle était fort jeune, fort belle et avait une assez grande fortune. Clésinger avait des dettes et son ciseau. Il écrivit à Madame Sand et reçut cette réponse : « Votre lettre me touche beaucoup ; un sentiment maternel me porte très vivement vers un artiste si bien doué et si courageux dans ses œuvres ; mais j'ai besoin de causer avec vous un quart d'heure, j'ai plusieurs questions à vous adresser, et mon âge très mûr m'y autorise. Que ma sincérité et ma confiance vous mettent à l'aise pour me répondre comme mon fils vous répondrait et me répond toujours ; voulez-vous que j'aille chez vous demain pour le buste un peu plus tôt que de coutume ? J'irai à une heure, mes enfants viendront m'y rejoindre à deux. En attendant, si vous n'avez rien à faire ce soir, venez dîner avec nous en famille et sans aucune cérémonie. A vous de cœur. »

La nouvelle du mariage causa dans le monde des arts et parmi les amis eux-mêmes de Clésinger la plus vive surprise. On refusa d'y croire, puis on se demanda à quand la séparation. Il paraissait impossible que l'artiste resté quelque peu bohême put devenir le modèle des époux.

Toute une série d'heureux jours s'ouvrit tout d'abord pour notre éminent sculpteur.

Madame Sand et sa fille, quittant Paris pour le château de Nohan près la Châtre, Clésinger les y suivit ; il fut reçu comme un fils, comme un ami impatiemment attendu : « Si tu savais, écrit-il à son frère Xavier, avec quelle bienveillance j'ai été accueilli, quel courage de lion je vais puiser dans ma nouvelle famille, quel cœur d'or on y trouve. Écris à mon père combien ce mariage me rend heureux ; je n'osais l'espérer, Mademoiselle S.

était demandée par des personnes d'un grand nom et d'une grande fortune ; dis-lui que je serai le pilier de la famille, que je ferai pour vous tous, en tout et toujours, ce qu'il me sera possible de faire, etc. »

Le vieux Clésinger était moins enthousiasmé que son fils et ne se pressait pas d'envoyer son consentement. Peut-être, connaissant son inconstance, l'estimait-il peu fait pour les habitudes douces et calmes de la vie de famille, peut-être eût-il préféré une union plus modeste. M. de Magnoncour dut lui écrire pour vaincre sa résistance : « Ce mariage, lui disait l'ancien député, pair de France, est vraiment superbe et double la valeur de votre fils comme artiste qui compensera ainsi, par le bonheur où vous allez être, tous les maux qu'il vous a faits. Sa femme est du reste très belle et très bien élevée. Jugez un peu ce que l'influence littéraire de sa belle-mère fera pour lui. Je vous le prédis, avant trois ans il sera à la tête de la sculpture en Europe, etc. »

Le père de la jeune fille, le baron du Devant était, lui aussi, peu partisan du mariage. Plein de mépris pour les artistes, « un tas de gueux qui ne connait pas l'art d'amasser » ; il avait selon l'expression de Georges Sand « quelque peine à avaler le tailleur de pierre » ; quant à Georges

La Zingara, pages 74, 75, 103.

Sand, elle était dans l'enthousiasme et esquissait ses rêves d'avenir pour sa chère Solange en laissant percer, même dans cette effusion intime, les théories politiques et sociales dont elle était tourmentée. Elle écrivait à sa cousine, la comtesse de Villeneuve :

« Clésinger fera la gloire de sa femme et la mienne. Il gravera ses titres sur du marbre et sur du bronze, et cela dure autant que les parchemins; qui le sait mieux que vous qui avez toujours mis le cœur et l'esprit avant tout.

« Nous ne comprenons rien aux idées de rang et de naissance ; nous n'y croyons pas ; nous voyons le génie descendre du ciel où il plait à Dieu de le départir, et nous ne trouvons à aucune place de l'Evangile le précepte des distinctions sociales, — tout au contraire ! »

Le mariage commença comme une idylle ; les deux fiancés paraissaient s'adorer : « Notre enragé sculpteur est ici, écrivait Georges Sand au comte Alfred d'Orsay ; la *grande princesse* s'est humanisée jusqu'à dire *oui*. Vous avez été plus clairvoyant que moi. Elle avait ce *oui* dans le cœur depuis longtemps et ne voulait pas le dire si tôt ; voilà tout, ils sont enchantés l'un de l'autre, je le sais aussi. Gardez le secret le plus absolu. Le succès dépend d'un peu de prudence, car un certain mari que j'ai pourrait prendre des précautions fâcheuses, s'il était averti par la rumeur berrichonne avant de l'être par moi. »

La réputation de Clésinger, l'influence de sa belle-mère lui ouvrirent un crédit partout. Tous les fournisseurs se déclarèrent heureux de lui être agréables et utiles. Le premier bijoutier de Paris, le plus cher, lui dit de choisir chez lui des bijoux pour 200,000 francs, si cela lui convenait. Jamais Clésinger n'avait reçu pareil accueil ; il en était surpris et charmé.

Le mariage se fit dans le courant de mai 1847 au château de Guillery, dans le Lot-et-Garonne, chez Monsieur du Devant que Madame Sand vint retrouver pour quelques jours.

Les jeunes époux s'achetèrent un hôtel à Paris et s'y installèrent. Les lettres de Clésinger témoignent d'une profonde affection pour sa femme. La naissance d'une fille qui vint au monde dans ce même château de Guillery augmenta leur mutuel attachement.

On connait les derniers chapitres de ce brillant mariage. L'idylle devait avoir pour épilogue une séparation judiciaire.

Quelques années s'écoulèrent. Comme Clésinger s'était fait à Paris une grande existence, mais vivait en prodigue, sans souci de l'avenir, la gêne vint peu à peu s'asseoir au foyer. L'artiste dut réduire ses dépenses, vendre ses chevaux et son hôtel. La mésintelligence entre les époux s'aggrava. Il y eut échange de paroles de haine, de propos blessants et injurieux, et Clésinger finit par être assigné en séparation de corps. Des amis intervinrent et voulurent éviter l'éclat, le scandale d'un procès. Le vieux sculpteur Clésinger mourut et fit promettre aux deux époux de reprendre la vie commune. Clésinger s'empressa de demander à sa femme et à sa belle-mère de tout oublier. Georges Sand se défiait, et écrivait au comte Alfred d'Orsay : « Mon Dieu, quelque chose qui arrive dans ce ménage, tout doit tourner à mal. Un rapprochement, est-ce possible, est-ce digne, est-ce chrétien ? Je suis inquiète et triste au dernier point. Clésinger, ajoutait-elle, le 11 mars 1852, est un cerveau malade ; il me dit dans sa lettre qu'il part pour Rome et laisse ma fille à Besançon. Il est vrai qu'en allant à Rome il pourra bien se trouver arriver à Paris ; sa tête est un chaos. » La malheureuse mère était sans influence non seulement sur son gendre, mais sur sa fille elle-même : « Concevez-vous, disait-elle le 22 mai de cette même année 1852, qu'une mère ne puisse absolument rien comprendre, rien prévoir, rien deviner à la conduite et au caractère de sa fille. Et pourtant j'ai passé vingt ans à vouloir résoudre ce problème et à n'en avoir guère d'autre dans l'esprit. Je suis donc bien bête de ne pouvoir trouver la corde qui vibrerait enfin pour son repos et son bonheur. »

La réconciliation apparente dura quelques mois. Le 24 juin 1852, Georges Sand écrivait : « Ma fille est tranquille et agréablement ici. Puisse son mari l'y oublier toujours ! Nini est ravissante ! »

Mais le procès recommença bientôt. C'est à Mᵉ Bethmont que Clésinger confia sa défense. La séparation de corps n'en fut pas moins prononcée aux torts du mari.

Toutefois, même après la séparation, les deux époux ne manifestèrent aucun sentiment d'hostilité, et Madame Clésinger conserva toujours pour le célèbre sculpteur, sinon de l'attachement, du moins de la bienveillance, s'informant avec sollicitude de sa situation.

La Révolution de 1848 ne pouvait être favorable à la statuaire qui n'a rien à gagner aux commotions politiques. La sculpture ne peut, en effet, s'accommoder aux goûts bourgeois, ni se mettre au service de l'industrie sans devenir son esclave dégradée. Il faut, pour qu'elle vive, que les gouvernements l'adoptent, la protègent et lui donnent une large hospitalité, comme à ces belles fleurs exotiques qui ne consentent à nous éblouir de leurs riches couleurs que dans un palais de cristal et sous des rayons de soleil. Il faut, pour la ranimer, la faveur des princes ou d'une république riche et florissante, et les époques troublées ne sont propres à faire surgir ni des Phidias ni des Puget.

Cette révolution de 1848 ne fut cependant pas trop nuisible à Clésinger ; bien qu'il ne se fut jamais occupé de politique, il se crut républicain, sans doute parce qu'il venait d'épouser une fille de Georges Sand, ce qui ne l'empêchera pas plus tard d'être reçu à Compiègne, où ses boutades amusaient ou effrayaient la cour, et de se dire impérialiste ardent. Dans son zèle de néophyte, il offrit un buste colossal de la *Liberté* au gouvernement provisoire, puis il improvisa en quelques jours la statue de la *Fraternité*, statue gigantesque que les survivants de 1848 n'ont point oubliée et qui fut installée au milieu du Champ de Mars.

Dans cette même année, la *Bacchante couchée*, exposée au salon, fit grand tapage et valut à Clésinger une médaille de première classe et le ruban de la Légion d'honneur. Achetée par le prince Demidoff pour sa galerie de San Donato, elle fut payée 15.000 à la première vente du prince, en

1870, et quelques années plus tard 30.000 francs par M. Sabatier.

Clésinger était alors en excellentes relations avec Frédéric Chopin. Comment ces deux hommes qui ne se ressemblaient guère s'étaient-ils liés d'une étroite amitié? Clésinger était d'une nature forte, énergique, d'une santé robuste, d'une indépendance de cœur absolue, d'une indifférence complète en matière religieuse. Le virtuose polonais était de provenance et d'éducation catholique, prêt à se donner tout entier à un premier amour, à subir l'influence de la femme aimée, à vivre dans des régions fantastiques, à contempler les horizons mystérieux de l'idéal, de l'invisible et de l'infini. C'était un croyant dont la vie brillante et si courte avait commencé et devait finir avec le bon Dieu ; c'était un génie morbide portant le germe d'un mal physique qui à brève échéance devait lui être fatal. Il y avait eu dans l'existence du célèbre compositeur un épisode orageux, romanesque ; il avait vécu dans l'intimité de Georges Sand ; il avait aimé, il s'était cru aimé. Cet amour avait troublé sa vie. Le malheureux avait été torturé, martyrisé, puis il avait fini non sans de douloureux efforts par soulever le joug. L'épisode que nous rappelons pouvait se résumer dans ces simples mots : « Ils s'étaient fait souffrir l'un et l'autre. » Chopin avait depuis deux ou trois ans reconquis la paix du cœur lorsqu'il mourut en 1849. Clésinger voulut conserver ses traits et se chargea de mouler lui-même la figure à peine refroidie du grand artiste.

En 1850, le *Moineau de Lesbie* venait d'obtenir au Théâtre français un éclatant succès. Rachel avait accepté le rôle de Lesbie, et l'heureux moineau caressé par les blanches mains de Melpomène avait été plus choyé qu'un rossignol ou un bengali. Rachel avait obtenu de ses admirateurs un succès de beauté, d'élégance et d'ajustement. Armand Barthet avait, lui aussi, été acclamé comme un émule de Catulle, de Musset et de Lamartine. Clésinger était le vieil ami de Barthet; ils avaient passé ensemble les premières années de leur vie, fraternellement unis, courant les duels ensemble, se servant de témoins l'un à l'autre, Clésinger s'enthousiasma de la pièce de son compatriote et pour rendre hommage à son talent gracieux, élégant, idyllique, entreprit de faire une statue de Lesbie qui n'est pas une de ses œuvres les meilleures.

En 1852 il expose une *Pieta* en pierre, ou se rencontrent de grandes qualités et qui montre combien son talent savait se prêter à tous les genres. Il veut personnifier la tragédie et prend

Mademoiselle Rachel comme le type le plus accompli de cette forme de l'art. Comme portrait l'œuvre est réussie. La figure a toute la distinction, toute l'élégance de l'actrice célèbre, mais est-ce bien là l'image de la tragédie, de la femme destinée à réciter des vers d'Eschyle et de Sophocle, de Shakespeare et de Goethe, de Calderon et de Corneille? Les épaules, la poitrine ne sont-elles pas tròp grêles; l'œil s'étonne de se trouver en présence d'une nature appauvrie et chétive. L'artiste n'aurait-il pas mieux fait d'agrandir, d'enrichir son modèle. Rachel était une excellente tragédienne, mais elle n'est pas la tragédie; entre le masque immobile de la Melpomène antique et le visage surexcité de l'artiste moderne, il y avait à rechercher un type qui réalisât sans froideur et sans flatterie, sans roideur et sans manière, l'idéal rêvé. De jolis madrigaux peuvent personnifier la comédie dans Madeleine Brohan, la tragédie dans Mademoiselle Mars; la statuaire veut des pensées plus graves et dédaigne ces adulations. Non seulement l'ensemble de l'œuvre manque d'ampleur, mais la tragédienne est écrasée de draperies compliquées et pesantes; elle est appuyée sur un petit bras raide et sec, les épaules sont d'un mouvement pénible. La tête pèche par la proéminence exagérée du front. La sûreté d'une main exercée, l'habileté visible au maniement du marbre ne suffisent pas pour racheter les défauts de la conception. La statue parut au Salon, puis figura dans le foyer du théâtre Français. Elle embellit maintenant le vestibule du théâtre de l'Odéon en haut du grand escalier.

Le *Printemps* et l'*Automne* sont deux bons morceaux de sculpture. Le *Printemps* est représenté sous la figure d'une jeune fille fraîche et pure, souriante et légère, qui tient une guirlande de roses. Le corps est bien pris dans ses proportions, d'un modelé fin et distingué, un peu grêle relativement à la tête, ce qui est un signe de jeunesse. L'*Automne* contemple des grappes de raisin et en a orné sa chevelure.

L'année 1854 compte parmi les années heureuses de l'artiste, ou du moins parmi celles où les commandes lui arrivent nombreuses, où sa réputation s'accroît, où la faveur du prince le récompense de ses travaux et lui sait gré de son talent. Le ministre d'Etat le charge d'exécuter la statue de François Ier. L'empereur veut apprécier lui-même l'œuvre commencée, lui fait l'honneur de se rendre dans son atelier, paraît satisfait, et, comme témoignage d'estime, à simple titre d'encouragement, en dehors de tout prix stipulé, lui envoie le lendemain de sa visite dix billets de mille francs. Clésinger tient à faire partager sa joie à son ami et écrit à Weiss :

« Paris, le 20 février 1854.

» Je n'ai jamais oublié les nombreux témoignages de bienveillance et d'encouragement que j'ai reçus de vous ; votre conduite à mon égard a été celle d'un père, et je puis dire que c'est à votre bonté pour moi que je dois ma position et mes succès dans la carrière de l'art.

» Aussi je considère comme un devoir de reconnaissance de vous informer de tout ce qui peut m'arriver d'heureux, persuadé que vous n'avez jamais cessé de vous intéresser à moi comme à tout Franc-Comtois qui, à force de travail, parvient à sortir de la foule.

» J'ai passé par de rudes épreuves ; mais, grâce à mon amour de l'art, j'en ai triomphé ; mes efforts viennent de recevoir la plus belle, la plus précieuse récompense.

» Chargé par son Excellence le ministre d'Etat d'exécuter la statue de François Ier qui doit décorer la cour du Louvre, j'ai eu l'insigne honneur de recevoir dans mon atelier la visite de Sa Majesté l'Empereur.

» Bien que mon œuvre ne fût pas encore achevée, Sa Majesté n'en a point paru mécontente, et, pour me témoigner son auguste satisfaction, elle a bien voulu me faire adresser la lettre suivante :

» Monsieur,

» L'Empereur, charmé de ce qu'il a vu hier de votre œuvre, tout inachevée qu'elle est, me charge de vous faire parvenir, comme témoignage de sa satisfaction, à simple titre d'encouragement et en dehors, bien entendu, de tout prix stipulé, la somme de dix mille francs contenue sous ce pli en dix billets de banque.

» Veuillez agréer, etc.

Le Secrétaire de l'Empereur, chef du cabinet,

MOCQUARD.

» C'est ainsi que l'Empereur sait soutenir et encourager l'artiste tout en l'honorant. Convenez avec moi que François Ier ou Louis XIV n'auraient pas fait mieux.

» Recevez, mon cher Weiss, la nouvelle assurance de mon inaltérable reconnaissance et de mon dévouement. »

Constatons ici, à l'honneur du souverain, que Napoléon non seulement savait encourager royalement les arts, mais qu'il n'avait pas la prétention de faire dater du règne de son oncle, Napoléon Ier, la grandeur et la gloire de la France. L'Empire ne lui semblait pas avoir commencé avec Mérovée ou Chilpéric ; il croyait que saint Louis et Louis XIV avaient existé, et ne cherchait point à les dépouiller des œuvres ou des splendeurs de leur règne, pour en décorer le manteau impérial constellé d'abeilles d'or. C'est une justice que nous pouvons lui rendre aujourd'hui, sans faire acte de courtisanerie.

Le *François Ier* qu'appréciait l'Empereur, statue d'une allure vivace, flamboyante même, est loin d'être une des œuvres les mieux réussies de Clésinger ; il ne saisit ni par l'effet pittoresque, ni par le caractère du style, ni par aucun effet imposant. La pose manque d'élégance et de grandeur. L'étrangeté étonne. En cherchant à donner de l'énergie à la main qui va tirer l'épée, Clésinger n'est arrivé qu'à la raideur. L'ensemble est sans mouvement, sans caractère saisissant. Si l'artiste s'était mieux rappelé la statue équestre en bronze doré du Capitole, ou celle de Balbus, ou les cavaliers des bas-reliefs du Parthénon, il aurait donné autrement de vie à François Ier ; ajoutons toutefois qu'un chevalier armé de toutes pièces prête peu à la sculpture, que cette statue gigantesque qui avait vingt pieds de hauteur aurait été mieux appréciée sur une grande place publique non limitée par une architecture aussi spéciale que celle du Louvre et qui ne demande aucune ornementation nouvelle. L'œuvre ne fut guère goûtée du public, qui refusa de voir le roi de France dans ce cavalier aux airs de capitan matamore, dans ce héros de parade, couvert de panaches et de pompons, monté sur un cheval qui faisait vaguement songer à un mastodonte : « Ça, François Ier ! dit Préault, mais c'est Mélingue ! » On répéta le mot. « C'est le sire de Framboisy, dit un autre. » Il n'en fallut pas davantage pour perdre Clésinger et son roi. Les deux mots firent fortune et la statue fut tuée. François Ier chevaucha pendant toute l'année 1856 au milieu de la cour du Louvre, puis il disparut.

Profondément blessé, foudroyé dans ses espérances, Clésinger résolut de quitter sa patrie qu'il accusait d'ineptie et d'ingratitude. Il partit pour Rome avec la volonté de s'y établir, sauf à revenir fréquemment à Paris. Il y mena la vie fastueuse des grands artistes prodigues du siècle de Léon X, ne sortant qu'en voiture à quatre chevaux, vivant dans la familiarité des cardinaux, en relations presque amicales avec Antonelli, patroné, protégé par Pie IX. Paris n'entendit plus parler de lui pendant plusieurs années.

AUGUSTE CLÉSINGER

Sapho, le dernier chant, pages 75 et 76.

Cléopâtre mourante, pages 82, 87, 114.

CLÉSINGER

Clésinger à Rome. — Son ardeur au travail. — Sa fécondité. — Il multiplie ses œuvres. — *La Zingara,* la *Transtéverine.* — *Sapho.* — *Le dernier chant.* — *Sapho victorieuse.* — *Cornélie.* — *Cléopâtre mourant.* — Retour en France. — Appréciation de Clésinger sur la statuaire. — *Cléopâtre devant César.* — *Bacchante couchée.* — Clésinger à l'Exposition universelle de 1878. — Statues équestres.

III

A Rome, dans cette ville qui a vu tant de douleurs, et où toutes les douleurs s'apaisent, le vaillant artiste donne une preuve nouvelle de sa fermeté d'âme. Au lieu de se laisser aller au découragement, il se console vite des attaques, des critiques plus ou moins violentes, parce que la vraie source de jouissance pour lui, c'est de voir sa pensée, son émotion prendre corps sous le ciseau, c'est de pouvoir se livrer à cette faculté de création qu'il possède à un haut degré. Soutenu par une foi vive et sincère, trouvant dans sa main puissante un interprète fidèle, il se considère comme supérieur à sa destinée, et sent redoubler son ardeur et ses forces.

Pendant deux années, il multiplie ses ouvrages avec une activité fébrile, composant des œuvres d'une modernité extrême, ou obéissant à l'amour austère de l'antique. Il fait de tout : de la mythologie, de l'histoire, des animaux, des Diane, des César..... et même de la peinture. Il compte sur le charme de l'exécution, sur la facilité avec laquelle il sait fouiller le marbre et en tirer l'étoffe ou la chair.

Ce travail acharné se traduit par l'envoi en France d'une véritable cargaison d'œuvres d'art, deux statues en marbre : *Zingara* et *Sapho,* une statuette en marbre, la *Jeunesse de Sapho*, un taureau romain en marbre, les bustes du Christ, de Charlotte Corday et d'une Transtéverine, de plus une grande peinture inspirée de Michel Ange et représentant *Eve tentée pendant son sommeil.* Enfin deux paysages attestent sa robuste fécondité.

La *Romaine transtéverine*, la *Zingara* et le taureau romain attirèrent surtout l'attention.

La *Romaine transtéverine* est un de ces modèles qui conservent l'ancien type romain, et posent dédaigneuses comme des déesses devant l'art moderne en quête d'idéal. L'artiste sait en reproduire la vigoureuse beauté qui n'exclut ni la grâce ni la morbidesse. Il y a dans cette tête de romaine un accent de vérité, une vigueur d'exécution que la critique la plus hostile fut forcée de reconnaître.

La *Zingara* est une femme d'aventure et de plaisir au torse nerveux, à la gorge vulgaire. Energique enfant d'une race sauvage, elle agite follement un tambour de basque, s'enivre de bruit, de plaisir et de musique, et danse au son d'un rhythme rapide. La tête se renverse les lèvres entr'ouvertes. Les bras sont gracieusement arrondis autour du visage. L'ensemble serait séduisant, si l'artiste n'avait dû pour conserver à cette figure penchée l'équilibre nécessaire l'appuyer contre un tronc d'arbre qui enlève au marbre toute légèreté et nuit à l'effet général.

Sapho terminant son dernier chant est comme exécution une œuvre qu'on ne peut qu'admirer. L'élégance, la grâce, la souplesse du corps de Sapho, le goût exquis de ses vêtements et de sa coiffure, le mœlleux des draperies, le choix de l'attitude, tout cela attire, séduit et retient. Mais comment découvrir dans l'expression du visage, dans l'ensemble, la grandeur pathétique, le profond désespoir qui devait caractériser la malheureuse prêtresse de Lesbos au moment, où devinant qu'elle n'était pas aimée, elle méditait le funeste saut de Leucade. J'admire dans l'œuvre de Clésinger une belle rêveuse, je n'y trouve point Sapho, ce type des ardeurs sensuelles et des transports jaloux. Le ciseau qui a si habilement sculpté ses traits n'est point allé jusqu'à son cœur ; la pensée est restée au dessous de la main, le sentiment au dessous de l'exécution. Le public accueillit avec froideur la statue de Clésinger ; il éprouva une déception, et ne voulut point reconnaître dans cette composition le grand artiste qui animait et faisait vivre le marbre, l'auteur de la *Bacchante* et de la *Femme piquée par un serpent.*

Il faut d'ailleurs constater qu'il n'est point facile de représenter le dernier chant de Sapho. Pradier lui-même, qui connaissait tous les secrets de son art a échoué. La femme assise qui joint les mains sur son genoux, et qu'il a baptisée du nom de Sapho ne sera jamais pour personne un cœur exalté par l'enthousiasme ou égaré par l'amour, et ne rappelle guère l'élégie passionnée qu'Ovide a signée du nom de Sapho.

Cette grande figure de la Lesbienne désolée préoccupe Clésinger ; quelques mois plus tard il envoie au Salon une seconde Sapho, celle-ci n'est point conçue sur le mode tragique ; c'est Sapho victorieuse dans la lutte de poésie, mais la joie du triomphe n'illumine pas ses traits ; debout, la tête penchée comme sous le poids d'un remords, elle va droit devant elle, appuyant une main sur son cœur inquiet, tenant de son autre bras sa lyre muette. Qu'importe le prix de poésie si l'insensible Phaon ne l'aime pas. Il y a de l'étude, de la science, de l'élégance, du naturel, dans cette figure élancée et fine, mais l'artiste la couvrit d'enluminures et de bijouterie ; comme un sculpteur athénien il peignit d'un léger ton de chair le visage, la poitrine, les bras et les pieds, il donna aux cheveux une coulenr blonde, aux draperies une couleur bleue et rose, il voulut que les bijoux, colliers, pendants d'oreilles fussent en or ; cette polychronie, cette ornementation n'eurent qu'un médiocre succès.

Le taureau romain parut digne de la salle du Vatican où sont rassemblés les animaux antiques. Nous vivons à une époque ou les animaliers se sont fait une spécialité et où peu de leurs confrères osent se permettre un empiètement sur leur terrain. Clésinger voulut montrer combien son talent était varié et puissant. Le taureau romain est de proportion médiocre, mais il semble énorme, tant ses lignes sont amples et majestueuses. Théophile Gauthier le dépeignit en ces termes : « Ses cornes évasées, son garot élevé, son immense fanon, son échine nerveuse où le poil se rebrousse, ses jambes sèches, ses fins sabots font penser aux incarnations mythologiques de ces temps où les dieux prenaient la forme des bêtes pour séduire les femmes, haute ironie olympienne qui doit peu flatter les hommes. Jupiter devait être ainsi lorsqu'il enleva Eusope sur son dos ; le bœuf Apis recevant les honneurs divins n'avait pas la mine plus fière. M. Clésinger a étudié ces grands bœufs de Clitumne si beaux, si nobles qu'ils semblent faits plutôt pour le couteau du sacrificateur que pour le maillet du boucher. »

Quant à la *Napolitaine des Montagnes*, elle souleva des critiques de la part des anciens adversaires de l'artiste volontairement exilé. On lui reprocha de confondre la gentillesse avec la grâce, l'adresse de la pratique avec la science, d'aboutir à l'affectation, à une coquetterie de Madrigal.

En somme l'exposition de 1859 était un succès, presque un triomphe pour Clésinger, il se relevait d'un échec qui aurait abattu un artiste moins vigoureusement trempé ; il prouvait qu'il y avait en lui autre chose qu'un éclair d'inspiration passager et que la statuaire française pouvait compter sur lui. L'Italie, cette *Alma parens rerum* avait retrempé le talent de l'artiste à ses sources sacrées.

La fin de l'année 1859 et les années suivantes ne furent pas moins fécondes.

Le 26 décembre 1859, il écrit à « sa chère et bonne mère » :

« Je me porte à merveille ; j'ai travaillé comme dix hommes ; j'espère être bientôt au dessus de mes affaires, tant pour ma réputation que pour ma bourse. J'ai vu l'Empereur à Milan : il m'a reçu très bien ; je fais sa statue à cheval, statue qui sera la terrible revanche de celle de François Ier. »

L'œuvre de Clésinger a tout le calme, l'austère dignité des œuvres antiques. L'artiste a jeté sur les épaules de son modèle la toge des Césars triomphateurs ; il a couronné son héros du laurier que tresse la victoire ; tandis que la main gauche du vainqueur de Solférino guide et maintient le cheval de bataille qui fait résonner sous son sabot impatient les dalles de la voie sacrée, la main droite s'appuie sur le sceptre, insigne de la puissance. Qui aurait pu supposer à cette époque que l'Empire s'effondrerait dans la plus lamentable des défaites ?

En 1861, Clésinger modifie sa manière. Plus de ces touches de flamme dont la hardiesse lui réussit, plus de contours voluptueux. *Cornelie* montrant ses deux fils a l'ampleur drapée, la noblesse des belles statues romaines, dont l'auteur s'est inspiré.

Assise au centre du groupe monumental, la fière Romaine. dédaigneuse de colliers d'or, présente avec orgueil ses deux fils à l'amie qui demandait à voir ses joyaux. La figure de Cornélie doit exprimer l'orgueil maternel, la majesté, l'énergie, et le patriotisme ; Clésinger a su reproduire ces divers sentiments, tout en faisant de la matrone romaine une italienne jolie, que la critique hostile déclara même trop moderne et trop séduisante ; quant aux deux enfants, ils ont dans leur grâce puérile une énergie qui fait déjà pressentir les Gracques. Ils sont debout et se détachent de chaque côté avec une symétrie heureusement balancée. L'artiste a cherché les lignes pures et tranquilles de l'antiquité ; comme un grec du bon temps, il a évité les gestes violents, les expressions forcées, tout ce qui pouvait déranger l'harmonieuse sérénité de la composition.

Par une coïncidence singulière, le même sujet avait été traité par un artiste de mérite, M. Cavelier. Les deux Cornélies furent placées presque face à face. Chaque groupe eut ses partisans. La Cornélie de M. Cavelier serrant ses fils près d'elle parut un peu tendre et pas assez fière, mais les têtes des enfants, l'agencement des draperies avaient bien dans le groupe de M. Cavelier le cachet de l'antique.

Diane au repos, page 81.

Clésinger expose en outre une *Diane au repos*. La déesse fatiguée s'est endormie sur un rocher. L'un de ses bras s'arrondit au dessus de sa tête, l'autre retient à demi les javelots et l'arc ; à côté d'elle un lévrier sommeille. Ici encore Clésinger se rappelle qu'il a affaire à une déesse virginale, sans pitié pour les téméraires, témoin ce pauvre Actéon, victime de sa colère, il donne à sa statue de la noblesse, de la dignité dans l'attitude, dans l'ensemble comme dans les détails. Il prend soin de caractériser par la sveltesse élégante des jambes, la nature fine, souple et nerveuse, l'agilité de la déesse qui force les biches sur le Ménale. L'œuvre indique autant de goût que d'habileté. C'est peut-être moins beau que les merveilles de l'antiquité, mais c'est encore magnifique. « Montrez-moi-z-en des dames grecques et je vous en peindrai, des dames grecques » disait Courbet avec sa rusticité poseuse. Clésinger n'avait vu ni dames grecques, ni déesses de l'Olympe, ce qui ne l'empêchait pas de faire parfois des chefs-d'œuvre.

Là ne se borne pas le travail de l'artiste qui envoie encore de sa laborieuse retraite une Cléopâtre, un buste d'Hélène qui rappelle Canova, ce qui s'explique par le long séjour de l'artiste à Rome, un autre buste qui personnifie Rome sous la figure fière et énergique d'une Transtévérine, enfin un groupe en plâtre, la restauration des Parques, qui comble ingénieusement les vides faits dans les divines sculptures, non par le temps mais par la stupide barbarie des hommes.

Vêtue d'une tunique du plus fin tissu, Cléopâtre est étendue sur un lit de repos pour mourir et se dérober aux ignominies du triomphe. A côté d'elle est le panier de figues qui recélait l'aspic. La bête venimeuse vient de mordre le sein qu'on lui offrait. Le froid de la mort envahit déjà la reine dont le bras s'allonge doucement vers l'infini, et qui renverse sa tête couronnée encore. Les plis transparents du vêtement laissent deviner les formes du corps, ou plutôt la montrent dans une nudité mystérieuse. La poitrine et les bras ne sont dissimulés par aucun voile. La souffrance, les angoisses de la mort sont admirablement exprimées dans les traits du visage comme dans l'attitude, dans l'ensemble de la composition. La figure est empreinte de cette beauté délicate que lui attribue l'histoire.

En 1864, il revient en France; il veut revoir son vieil ami Charles Weiss, et s'arrête à Besançon avant de gagner Paris. Peut-être espère-t-il éblouir, des rayons de sa renommée, ses compatriotes : il a réalisé le rêve de sa vie, il a atteint le but sans cesse poursuivi par de nombreuses années de luttes et de misères. Le bruit de ses succès a dû arriver jusqu'à ses anciens amis ; il attend d'eux, sinon une ovation, du moins une chaleureuse réception ; il ne rencontre que froideur ou hostilité : « C'est avec une vive émotion, écrit-il à Weiss, le 18 septembre 1864, que j'ai eu le plaisir de vous serrer la main, lors de mon voyage à Besançon. Votre accueil empressé m'a consolé de l'indifférence que j'ai toujours trouvée dans ma ville natale à chacun de mes voyages. Cette idée d'être un étranger à Besançon m'a retenu plusieurs fois dans le désir d'aller vous rendre mes devoirs ; car je dois vous l'avouer, quelques-uns de mes compatriotes m'avaient fait entendre que vous ne me verriez pas d'un bon œil ; votre dernière poignée de main m'a prouvé le contraire et m'a fait sentir tout ce que j'ai perdu, pendant cet intervalle de vingt ans, dans des relations dont j'ai toujours conservé la mémoire ; car, croyez-le, cher Monsieur Weiss, au milieu des luttes continuelles de ma vie de travail, je n'ai jamais oublié vos excellents avis et les bonnes relations dont je vous suis redevable, à vous mon père nourricier dans l'art. J'ai encore trop à travailler pour espérer le repos, mais aussi j'ai la conscience d'avoir toujours professé mon art avec foi et sincérité. »

Puis Clésinger raconte ses travaux et ses succès et donne son appréciation sur la statuaire en

France. Le passage est curieux, et montre qu'il avait en son génie une foi absolue :

« Après un long séjour en Italie, je reviens me fixer en France et j'y retrouve la foule compacte des médiocres qui, il y a dix années, m'avaient forcé de m'éloigner, plus acharnés que jamais. Qu'ont-ils fait? Où sont les monuments, les statues qui vivront dans l'avenir? Rien! des plagiats, des œuvres sans style et sans couleur. Enfin une décadence complète, bien faite pour impressionner celui qui, comme moi, vient de passer des années à étudier les beautés de l'art antique. »

A cette époque il compose deux bustes que lui achète M. Paul Dalloz, un admirateur enthousiaste de son talent : *La Femme à la rose* et *Le Sommeil*, il travaille à la statue du roi Jérôme que lui a commandée le prince Napoléon. Il expose quatre groupes destinés au monument de la famille impériale à Ajaccio et qui n'obtiennent qu'un succès d'estime.

Il se relève avec une statue de Georges Sand, œuvre superbe qui orne le foyer de la Comédie Française.

Il envoie au Salon deux paysages des bords du Tibre.

Il représente la belle Hélène sous la forme d'une femme grande, robuste et tranquille, qui manque un peu de charme, de grâce et de souriante volupté. Il achève la *Femme au serpent* que lui achète l'Empereur. Il travaille à un Jules César et à un groupe de deux *Taureaux romains combattant*.

Le *Jules César* est un essai de sculpture monumentale, un César à la tête massive, aux traits lourds et dominateurs, à la poitrine couverte d'une cuirasse d'or minutieusement ciselée.

Les *Taureaux romains* lui valent des éloges à peu près unanimes ; les deux animaux sont admirablement modelés, leurs flancs frémissent de vie ; la facture est pleine de vérité et d'énergie. Clésinger se retrouve grand artiste quand il copie la nature ; un seul reproche peut être formulé. Le combat de taureaux est exécuté dans des dimensions outrées ; ce sont des erreurs que ces essais de prétendue grande sculpture pour des sujets de fantaisie qui n'ont rien d'épique, qui sont empruntés à des scènes vulgaires.

L'Empereur, dont il fut pendant quelques années le sculpteur favori, le nomme, le 13 août de cette même année, officier de la Légion d'honneur, distinction dont Clésinger se montrait fier. « Pardonnez-moi, écrivait-il à Weiss, en septembre 1864, le brin d'orgueil que j'ai à vous raconter toutes ces choses : depuis vingt ans vous êtes le seul et le premier compatriote avec lequel je cause et duquel j'attends avec la plus vive impatience un mot de satisfaction, mot qui guidera le reste de ma vie qui n'a été qu'un long jour de travail et d'angoisses.

» Je me suis remis depuis hier, ajoute-t-il, à une statue équestre de Charlemagne avec tout le courage que votre bon accueil m'a donné. J'attends à mon atelier la visite de M. le Préfet de Besançon, avec qui j'ai fait le voyage de Paris, et qui m'a raconté avec quelle noble générosité vous alliez gratifier cette ville ingrate que cependant j'affectionne bien vivement.

» Je me console de ne pouvoir vous en dire davantage en pensant que je vais avoir le bonheur de vous revoir bientôt et de regagner mon atelier de Rome, muni des bons conseils que vous voudrez bien me donner, et certain d'arriver à ajouter par mon travail et mon talent un rayon de plus à la gloire déjà si grande de l'art français. »

Comme on le voit, Clésinger, tout en appréciant les œuvres de ses contemporains, est attristé de leur « insignifiance » ; il veut faire grand. Le Pujet est son homme ; le mouvement est dans sa nature. La passion en art a besoin de se poser sur la force et sur la beauté. Clésinger s'étudie à les réunir. Rattacher l'art aux grands hommes et aux grandes choses, ne confier à l'immortalité de la pierre que ce qui est vraiment digne de vivre, mettre sa conscience à la hauteur de son talent, telle est la règle que s'impose l'artiste ; c'est sous cette impression qu'il composera non-seulement *Charlemagne*, mais *Kléber*, *Hoche*, *Marceau* et *Carnot*.

Mécontent de la froideur du public, il boude l'exposition de 1867, mais il reparaît au Salon de 1869 avec une statue de Cléopâtre devant César.

Depuis longtemps la reine égyptienne avait touché au cœur Clésinger ; en 1861 il l'avait représentée au moment suprême où elle est près de succomber ; il veut de nouveau la montrer dans toute sa beauté, dans tout son éclat, dans toute sa jeunesse ; il fera une œuvre splendide qui désarmera ses ennemis ; il couvrira la reine de bijoux travaillés de la savante et habile main de Froment Meurice. Le sculpteur taillera son chef-d'œuvre dans un fût de ces colonnes de Paros dont le prince de Joinville lui a fait cadeau à son retour de Grèce. Comment le public ne rendrait-il pas hommage au mérite de l'artiste, et ne se laisserait-il pas séduire par cette polychromie superbe et cette richesse d'ornementation, cette finesse, cette variété de ciselures.

Ici encore l'artiste eut une cruelle déception.

Les journaux avaient fait grand bruit de la statue ; ils avaient vanté de confiance la Cléopâtre comme une œuvre capitale ; il y eut une désillusion presque complète. Cléopâtre avec ses cheveux jaunes, sa jupe verdâtre et ses yeux noirs parut frêle, maigre et chétive ; on la qualifia de poupée chargée de bijoux, badinant niaisement avec un lotus en miniature ; on se demanda où était la grâce de la femme, la majesté de la reine, la séduction dominatrice, le vice irrésistible de celle qui perdit Antoine. « Riche décor, s'écria Edmond About, mais pauvre sculpture. » On adressa à l'artiste un autre reproche; on prétendit que l'œuvre ne rappelait en rien l'art égyptien, qu'elle était toute moderne et ne pouvait venir ni de Memphis ni de Thèbes, qu'elle était maniérée comme une nymphe du XVIIIe siècle.

Pour comprendre et apprécier la Cléopâtre il est nécessaire de se reporter au récit de Plutarque dont s'est inspiré l'artiste.Comme le raconte le vieil historien, Cléopâtre déjà sûre d'elle-même, quoiqu'elle n'eut que quinze ans, « se mit dans un bateau et arriva de nuit devant le palais d'Alexandrie. Ne pouvant y pénétrer sans être reconnue, elle s'enveloppa dans un tapis qu'Apollodore lia avec une courroie, et qu'il fit entrer chez César par la porte même du palais. »

Hélène, pages 84 et 85.

Cette ruse de Cléopâtre fut le premier appât auquel César fut pris, parce que, d'après Amyot, traducteur de Plutarque, cette ruse lui fit apercevoir que cette femme « était de gentil esprit. »

En présence de ce texte net et précis, Clésinger ne pouvait représenter qu'une Cléopâtre fort jeune, aux membres encore délicats et frêles. Comment faire de cette fille de quinze ans la femme plantureuse que rêvait le public ignorant. S'est-il souvenu des merveilles de l'art égyptien ? A-t-il songé à imiter la statue du temps des Pharaons ? Ce qu'il y a de certain, c'est que ni l'attitude, ni les traits du visage ne rappellent les compositions de notre époque. La jeune fille étend le bras gauche d'un geste plein de noblesse et de dignité ; les draperies sont d'une simplicité et d'une élégance qui rappellent les statues antiques. La tête est d'une beauté singulière qui n'a rien de mièvre, rien de masculin, mais qui porte la triple empreinte de la jeunesse, de la distinction, de l'énergie. Il y a dans l'ensemble cette nuance d'idéal sans laquelle les œuvres d'art ne sont que travail d'ouvrier. Constatons cependant qu'il est difficile de reconnaître cette reine la plus adorablement féminine qui qui fut jamais, cette Vénus greco-égyptienne, qui semblait faite de flamme, de parfum et de lumière, et que Shakspeare appelait le serpent du Nil.

En 1870, la *Bacchante couchée*, marbre opulent de forme et de facture, passionne l'opinion publique et soulève de vives polémiques.

La Bacchante est une femme nue dont le visage et l'attitude respirent l'ivresse et la volupté et qui se roule sur un monceau de grappes qu'elle écrase avec le dos. Il fallait une rare audace pour représenter cette menade échevelée, toute entière à Vénus et à son dieu, se livrant dans un voluptueux abandon à de convulsives fureurs. L'artiste s'acquitta de sa tâche avec un dilettantisme raffiné, avec une hardiesse d'exécution et une adresse supérieure. Le marbre est fouillé comme s'il était de l'argile, et la fougue du travail lui donne un certain air de maëstria qui en impose. Tout y est empreint d'une véritable verve, d'un entrain auquel on était loin d'être habitué. A la froide noblesse de l'art classique, Clésinger opposait la théorie d'un art moderne expressif, ému, plein de passion et de mouvement.

Les apôtres du style et de l'ancienne école ne voulurent cependant pas faire amende honorable et protestèrent contre cette manière violente de représenter la nature ; ils reprochèrent à Clésinger une tendance à l'exagération et à l'emphase ; le public n'en admira pas moins l'éminent sculpteur, la souplesse de son talent, sa haute et incontestable originalité.

Les mêmes qualités se retrouvent dans *Lucrèce mourante* dont l'attitude affaissée et le visage perdu de douleur et de confusion, atteignent au dernier degré du pathétique, dans l'*Amour vainqueur* et dans un groupe superbe représentant *La Nuit,* une femme endormie, mollement assise dans l'attitude la plus gracieuse sur un lion qui sommeille, et ayant à ses pieds un lévrier qui dort lui aussi. C'est une des meilleures compositions de Clésinger.

En 1873, l'artiste revient à ses études favorites et expose une Ariane d'une décorative grandeur. Il aurait pu représenter Ariane éplorée, tout entière au désespoir que motive l'abandon de Thésée, mais le vaillant artiste qui n'aime pas les larmes, a préféré nous montrer Ariane au moment où, déjà consolée par Bacchus, elle livre ses formes voluptueuses à la panthère qui lui sert de monture. Le sujet n'était pas nouveau, et a été maintes fois représenté dans les camées antiques, mais Clésinger a pris soin de le rajeunir en lui donnant une physionomie toute moderne. Comme pendant à Ariane, il devait tout naturellement choisir une *Europe sur un Taureau.* C'est dans ce groupe mouvementé qu'apparaît le talent de Clésinger. Non seulement il fait vivre personnages et animaux, mais il a l'habileté de faire contraster les contours arrondis et les chairs frémissantes de ses femmes nues avec la tournure énergique des animaux qui les portent. Les deux statues eurent plein succès.

A ces deux jolis groupes, Clésinger avait joint une *Phryné devant l'Aréopage*, une *Danseuse aux castagnettes* et une statue équestre de l'empereur d'Autriche. *Phryné* sera une de ses dernières victoires artistiques, un morceau de maître........ ou d'élève de Phidias. C'est le triomphe de la beauté vivante, c'est la force superbe de la forme : *vis superba formae*, c'est l'image de la beauté sereine, absorbée dans son propre culte, d'un égoïsme impitoyable et charmant.

Il refait en la modifiant la *Femme piquée*, et retrouve la puissance vitale, la maestria fougueuse de sa jeunesse. Le corps de la femme est plus cambré, sa tête plus renversée. Le petit aspic de bronze qu'il avait mis en bracelet à la cheville de sa statue est remplacé par un serpent de grande taille. En 1875, il compose une femme coiffée d'un casque ; il l'expose avec cette dédicace : « A la France, au maréchal de Mac-Mahon, à l'armée. » Mais la critique et le public se refusent à reconnaître l'image de la France dans cette figure cuirassée, armée en guerre, drapée avec la plus singulière bizarrerie.

Le portrait du général de Cissey, un compatriote de Clésinger, la *Danseuse aux castagnettes*, les deux bustes de Salomé et d'Hérodiade, ne contribuent point à grandir la réputation de l'artiste, dont le talent ne se révèlera plus par des œuvres capitales.

L'Enlèvement de Dejanire et la *Délivrance d'Andromède* exposés en 1878 au Champ de Mars, une statue colossale de la République, sont accueillis avec froideur. Et, cependant sans avoir les formes idéalisées de la statuaire grecque, Andromède exposait à la fureur du monstre et à la vue du public, un corps d'une grâce toute moderne, et où le marbre plutôt modelé avec le pouce que taillé au ciseau, prenait la souplesse de la chair et reproduisait jusqu'au frisson de l'épiderme. La vie courait comme une flamme légère sur le torse, sur la poitrine que faisait ressortir la pose de la statue. Malheureusement le temps n'était plus où l'auteur de la *Femme piquée* passait pour un maître, pour un des plus grands sculpteurs du siècle.

Le gouvernement glorifiait ses grands hommes, républicains, libres-penseurs, adversaires de la Monarchie, c'étaient partout des apothéoses ; peintres et sculpteurs s'associaient à ce mouvement, sans profit pour l'art; partout des statues en l'honneur non seulement de M. Thiers et de Gambetta, mais de Diderot, de Bailly, de Beaumarchais, de Mirabeau, de Spinosa, de Béranger et même de ce pauvre Rouget-de-l'Isle qui sollicitait le knout du Czar contre la Révolution française. Un peintre qui n'est point sans talent, inspiré par l'esprit républicain, commettait un tableau politique allégorique, qu'il qualifiait « l'Apothéose de M. Thiers », que les visiteurs du Salon appelaient l'Apothéose de Guignol et le triomphe de Polichinelle et dont ils riaient de bon cœur. Clésinger voulut suivre le courant et composa une énorme statue du libérateur du territoire, qui n'eut aucun succès et dans laquelle on chercherait vainement trace d'un talent vigoureux et puissant. Il est vrai que M. Thiers n'était pas l'idéal du modèle. La figure en casse-noisette, le costume moderne, la redingote de l'homme d'Etat, ne pouvaient inspirer l'artiste. M. Thiers est debout, le visage est à peine ressemblant. L'ensemble est lourd, massif, sans vie. La statue fut cependant achetée par la ville de Marseille et placée au palais de Longchamp.

En 1881 et 1882, désireux de produire des œuvres colossales, Clésinger composait quatre statues équestres qui sont aujourd'hui à l'école militaire de Saint-Cyr. Il avait conservé l'ardeur du travail, la fougue de la jeunesse, et le vaillant tailleur de pierres voulait encore montrer qu'il savait agencer, modeler, tailler de grandes figures en actions, avec le sens bien net du rythme sculptural et une science approfondie de la forme et du mouvement.

De ces quatre figures Kléber est une des meilleures.

Campé sur son cheval de bataille, un vrai cheval de guerre, le bras droit levé, le *Dieu Mars* en uniforme, ainsi que Napoléon appelait le général en chef de l'armée d'Orient, donne des ordres à ses soldats. Son attitude est aussi simple que grandiose. L'expression du visage est fière et énergique ; on reconnait facilement la mâle et puissante stature du vainqueur d'Héliopolis. La main gauche ramène les rênes et retient un cheval d'une large encolure qui marche noblement dans un mouvement libre et hardi, s'encapuchonnant, comme disent les écuyers, sans être contraint par le mors de redresser la tête.

Les statues de Marceau, de Hoche et de Carnot ne valent pas celle de Kléber ; Clésinger a cependant compris la grande figure historique de Marceau. Il a su donner au héros cette physionomie puissante, austère et comme presciente de sa courte destinée. Cette figure jeune, cet air martial, cet œil qui sonde l'avenir, attestent le génie, le courage, une conscience droite et sévère.

Mais l'opinion publique n'était plus pour le grand sculpteur. La génération nouvelle ignorait presque la place considérable que Clésinger avait occupée longtemps dans le monde des arts et n'apprécia point à leur valeur des œuvres qui prouvaient, à côté du tempérament de l'artiste, sa science éclairée et profonde.

Cléopâtre devant César, pages 87 à 89, 103, 105.

AUGUSTE CLÉSINGER

CLÉSINGER

L'artiste. — Improvisateur fougueux et plein d'audace. — Le caractère de son talent. — La sculpture polychrome. — Sculptures religieuses. — Les femmes de Clésinger. — Ses statues équestres. — Son adresse à travailler le marbre, à façonner la pierre. — Son influence. — Talent incomplet, inégal, emphatique. — Ses qualités. — Ses imperfections.

IV

Ce qui distingue Clésinger, c'est l'art d'exprimer la vie, une préférence marquée pour la couleur et le mouvement, c'est la fougue de la conception, l'énergie dans l'expression, c'est la tournure, le sentiment, l'inspiration. L'inspiration, c'est ce qui classe l'artiste au dessus de l'ouvrier. Plus elle est puissante, plus l'œuvre gagne en excellence et en originalité. L'étude et la science peuvent faire un homme de mérite. L'étude suppose la volonté; la science indique la volonté persévérante, et ce sont choses qui s'acquièrent.

L'inspiration est une des qualités les plus incontestables du talent de Clésinger.

D'un tempérament ardent, fougueux, plein d'audace, d'entrain et de verve, il établit ses figures du premier jet, d'une façon grande, avec le feu de son imagination, avec une volonté qui s'impose, sauf à les étudier et à les revoir avec le soin le plus sévère. Comme Puget, il a le feu, la flamme, la facilité, la fécondité, l'improvisation créatrice, la conception prompte et l'exécution rapide.

La vie, il la reproduit dans ses ardeurs fébriles, dans ses exubérances ; il sait rendre la forme, la silhouette et le mouvement avec plus de frémissement que l'école classique. Ce n'est pas du génie, c'est du moins une qualité virile qui fait de lui un maître, c'est un sculpteur de race.

Beaucoup de statuaires, sans contrefaire les maîtres, s'inspirent de leurs compositions. Imaginer, c'est se souvenir, a dit La Harpe. Rien de mieux que de se souvenir, sous condition que le souvenir ne tuera pas l'imagination, l'originalité, l'esprit d'invention. Clésinger est, lui aussi, disposé à demander quelque chose de plus que des conseils aux œuvres d'un maître ou d'une époque. Michel Ange et Puget, ces Titans de la sculpture moderne, lui paraissent avec raison incarner le génie. Il y a entre lui et le Puget certains traits de ressemblance. Il dirait volontiers comme lui : « Le marbre tremble devant moi pour grosse que soit la pierre. » Il admire aussi le XVIIIe siècle qui porta à son apogée l'art français, devenu naturaliste en sculpture avec les Coustou, Coysevox, les Adam et les Clodion, fantaisiste en peinture et fait tout entier pour une société frivole mais élégante et raffinée. Il essaie surtout de reproduire le style de Coysevox et de Coustou. Comme Coysevox il cherche parfois à se passer du calme et de l'harmonie linéaire, indispensable pourtant à toute œuvre du ciseau; comme Coustou, il vise à l'effet et dédaigne la sculpture antique restée fidèle au repos et à la sérénité.

Mais il est assez riche de son propre fonds pour ne pas tenir à une imitation servile de ceux qui l'ont précédé ; ses œuvres ont un caractère spécial qui les fait reconnaître entre toutes. Il est né statuaire, comme on naît poète, et tout ce qui sort de son atelier est frappé au coin d'une individualité à la fois robuste et délicate qui sent son éducation antique et son origine française. Il n'est pas de tempérament à imiter autrui ; il est doué de force et de hardiesse, il a une intelligence primesautière, absolument personnelle ; il est lui-même, il s'est fait grand artiste sans maître. Puis, s'il admire l'antiquité, ce n'est pas au détriment de la Renaissance, il ne préfère pas Phidias à Michel Ange, et son esprit éclectique, habite tour à tour Rome, Athènes, Florence et même Paris, selon sa fantaisie. Il a une qualité qui lui est propre, qui ne s'acquiert guère, le style, c'est-à-dire la puissance d'idéaliser la nature en l'élevant à la vérité lyrique, à cette beauté supérieure dont parlaient les anciens et qu'ils appelaient : *Pulchritudinem quae est supra veram,* qualité qui manque souvent dans un grand nombre des manifestations de l'art.

Clésinger a en outre le culte du beau. Le choix seul des sujets l'indique suffisamment ; mais ce qu'il veut atteindre, c'est la beauté unie à la grâce. Pour lui la beauté se compose de divers éléments, la beauté physique, la beauté morale et la beauté intellectuelle. C'est l'âme qui donne la vie, et l'histoire de Prométhée dérobant le feu du ciel n'est qu'une sublime allégorie. A Rome, Clésinger a admiré Canova qui estimait avant tout l'élégance, la distinction et la finesse. En Grèce, il s'est efforcé de s'inspirer de l'art antique qui élevait au plus haut degré le sentiment de la vérité et de la dignité dans la ligne, conditions essentielles à la grâce.

La grâce, c'est la poésie de la sculpture, c'est-à-dire ce qui nous touche le plus profondément, plus profondément que la grandeur. Elle est, en beauté, supérieure encore à la beauté elle-même. Aussi n'est-il donné qu'à un petit nombre d'artistes de la saisir ; si on la recherche, elle fuit; si on l'appelle c'est l'afféterie qui se retourne. C'est un don rare et charmant qui doit éclore sous une main heureuse et que vous poursuivez en vain, si le ciel ne vous l'a point départi.

Clésinger sait non seulement imprimer à ses compositions un cachet évident de force ou de passion, il excelle à rendre la grâce dans ce qu'elle a de plus délicat, de plus mondain et de plus séduisant.

Toutes ces qualités exquises se retrouvent dans cette idylle de marbre qui se nomme *Rêve d'amour*, dans la *Bacchante dansant*, dans la *Zingara* où se révèle la souplesse habituelle du travail de l'artiste, dans la statue de *Sapho,* dont les draperies sont supérieures encore à celles de la *Zingara*, dont la chair vit et palpite, dans la statue de *Cléopâtre* qui fut exposée au salon de 1869 et que M. Paul Dalloz paya 30,000 francs.

On a souvent critiqué Clésinger d'avoir mélangé au marbre l'or et les matières précieuses. Nous devons reconnaître qu'habituellement les grands sculpteurs de l'antiquité ne surchargeaient point Vénus d'ornements élégants, de rubis à chaque doigt. Ils la faisaient nue, mais décente et belle dans la simplicité de la nature. Mêler les pierres précieuses au marbre, le rouge, le jaune éclatant au blanc, c'est détruire l'ensemble d'une œuvre. La matière doit autant que possible être nue, s'imposer aux yeux par l'uniformité même de sa nuance, et les métaux inutiles et criards ne peuvent qu'éparpiller l'effet, tirer le regard et briser la douce harmonie d'une coloration générale. Le marbre a un tel éclat radieux qu'il nous paraît superflu d'en dissimuler la blancheur sous des orfèvreries, si bien ciselées qu'elles soient. La polychromie a le tort d'enlever à la figure nue une qualité essentielle en sculpture, la chasteté, de donner au marbre l'apparence de ces statuettes en porcelaine qui appartiennent au genre le plus bourgeois. Elle n'eut jamais grand succès, pas plus avec Marochetti qu'avec Clésinger.

Mais nous devons en même temps constater que l'idée d'orner le marbre de bijouteries et de couleurs variées est ancienne comme le monde, que la dorure, le mélange des métaux et des matières précieuses avec le paros et le pentélique est une pratique consacrée par les divins maîtres. La Vénus

Charlemagne, pages 86, 110, 111.

de Médicis, l'Apollon du Capitole apparurent avec des cheveux dorés : de riches joyaux ornaient les oreilles des filles de Niobé, de la Leucothoé. Dans les statues de bronze, les Grecs aimaient les yeux de marbre blanc, des ongles en argent aux pieds et aux mains. En Grèce, beaucoup de statues étaient d'or et d'ivoire. Il y avait une Minerve de Phidias en bois doré, dont le visage, les mains et les pieds étaient de marbre. La polychromie d'émaux était pratiquée en Grèce, en Egypte, en Assyrie. Elle joua un grand rôle non seulement dans la statuaire de l'antiquité, mais au Moyen-âge qui en abusa et à la Renaissance jusqu'au commencement du XVIe siècle. Plus tard elle était encore du goût du public. Aujourd'hui elle a ses partisans, même parmi des artistes d'un vrai mérite, qui estiment que l'on ne peut se montrer plus difficile en fait de goût que les Athéniens et que Phidias, et qui n'admettent pas que l'on refuse au sculpteur le droit de teinter une œuvre de couleurs légères, surtout s'il en use sobrement. Dans sa statue de Cléopâtre, Clésinger n'a fait que s'inspirer des traditions de l'antiquité.

La recherche de la grâce n'exclut pas en lui le sentiment religieux. En 1856, il se montre tendre et pathétique dans le sujet difficile de la mort de

Madeleine. La pécheresse est couchée dans l'attitude la plus modeste, la main droite étendue, le bras gauche replié sur le cœur. Elle contemple avec une ineffable expression de recueillement et de foi une croix placée auprès d'elle. Tous les traits du visage expriment le repentir et en même temps l'espoir du pardon, la confiance en la miséricorde du Dieu qu'elle implore. Le regard noyé est plein d'amour divin et d'élan vers le ciel. Madeleine est à moitié nue, couverte à mi-corps seulement d'une draperie liée par une corde épaisse sur les hanches, mais rien de sensuel ; il n'y a que pur sentiment dans cette femme que la prière spiritualise. C'est bien l'image de la sainte et c'est très beau comme vérité.

Je ne connais rien de plus touchant que cette légende de la Madeleine. J'y vois cette théorie sublime que la miséricorde de Dieu est infinie, que la volonté d'aimer peut s'élever jusqu'à Dieu, que tout se pardonne et se purifie par cet amour de Dieu, que sécheresse n'est pas vertu, qu'il faut encore à la vertu l'essence même de la passion, de même qu'il ne suffit point de savoir peindre et de versifier correctement pour être artiste et poète.

Le Christ est aussi une merveille non seulement comme exécution mais au point de vue de la tradition religieuse.

Le type du Christ est celui que l'art a le plus de peine à réaliser, qu'il a rarement reproduit d'une manière complètement satisfaisante. Léonard de Vinci est celui qui s'en est approché le plus près mais une seule fois, et sa pensée ne fut pas comprise car elle ne fut pas suivie. Le Christ de la *Transfiguration* représente aussi le Christ dans sa manifestation divine, mais non ce fils de l'homme qui a vécu au milieu du peuple, partagé la condition de la vie humaine, relevé la femme adultère, condamné le mauvais riche et dont les paroles éveillaient des sentiments inconnus. Michel Ange a dans le *Jugement dernier* créé un Christ nu, colossal, qui manque d'idéal. L'art français n'a même pas essayé de saisir le type sublime du Sauveur. Son génie allait dans une autre direction surtout au XVIIIe siècle qui ne s'inquiétait guère de reconstituer cette figure divine. Les plus habiles devaient se trouver dépaysés en face de la Vierge, d'un apôtre ou du Christ ; ils avaient passé leur jeunesse à copier l'antique, à s'inspirer du Gladiateur, du Cincinnatus, de l'Apollon et c'est à peine s'ils comprenaient cette sublime physionomie du Christ.

Clésinger possédait un talent essentiellement païen ; ses études n'avaient pas été dirigées du côté de l'art chrétien. La plupart de ses gracieux ouvrages avaient été empreints de la mythologie grecque, il ne pouvait avoir l'élan que donne la foi, il n'avait que la foi artistique. Se trouva-t-il embarrassé pour représenter l'image d'un Dieu ? Eut-il quelque hésitation ? Ce qu'il y a de certain, c'est que son œuvre porte la marque d'études consciencieuses, d'un goût exercé et d'une main habile. Empreint de grandeur et de majesté, le Christ a le caractère, l'accent céleste et humain qui doit distinguer le fils de Dieu. Les nobles traits du Christ expirant sont taillés d'un ciseau tendre et vigoureux, avec une sévérité et une ampleur magistrales ; ils expriment d'une admirable façon la douleur, la souffrance, les angoisses physiques et morales. Le grand Rédempteur va expirer, sa bouche laisse échapper le sinistre *consummatum est.* Mais en même temps que l'humanité souffre, la divinité resplendit. L'agonie la plus horrible ne peut troubler la sérénité de l'homme Dieu. L'œuvre laisse dans l'esprit du spectateur une impression durable et profonde. C'est je crois le plus bel éloge que l'on en puisse faire.

La Vierge que Besançon possède et que l'on peut voir à l'église Saint-Pierre, a bien aussi la candeur virginale, la douleur résignée que lui attribue l'Evangile. Coiffée d'une couronne d'orfèvrerie, comme elle le serait dans un tableau de

Memling, de Van Lick ou de Schorel, elle soutient sur ses genoux l'enfant Jésus qui tend les bras à Saint Jean-Baptiste debout près de la mère de Dieu. Le groupe s'arrange heureusement et présente d'agréables profils. Clésinger résout avec bonheur un problème difficile, celui de concilier la naïveté gothique avec la classique pureté. L'artiste sait ainsi se montrer aussi chrétien dans ses figures de Christ, de Vierge et de Madeleine, que païen dans ses bacchantes ou dans les marbres que lui inspire l'antiquité.

Ces marbres et les femmes qu'il fait vivre sont vraies sans être trop réelles, belles et nobles sans affectation de purisme, avec un haut caractère d'élégance et de distinction. Elles ne ressemblent pas à celles de Pradier qui sont le type le plus exact de la beauté française au XIXe siècle ; elles n'ont pas cette beauté svelte, un peu chétive qui réside surtout dans la souplesse et la dignité de l'attitude ; mais comme celles de Pradier elles n'ont rien d'impudique, de trop provoquant, rien de banal, rien d'obscène ; elles sont pour la plupart de cette nudité abstraite qui est la glorification du corps humain, la forme la plus parfaite de l'idéal ; comme Clésinger n'a d'autre but que de produire l'impression du beau, ses femmes sont des femmes nues, ce ne sont pas des femmes deshabillées. « La sculpture, dit Diderot, est voluptueuse, mais jamais ordurière ; elle garde dans sa volupté je ne sais quoi de recherché, de rare, d'exquis. » La définition est exacte en ce qui concerne les œuvres de Clésinger. Les nymphes, les bacchantes, les Vénus prennent aujourd'hui les attitudes les plus violentes, se livrent aux contorsions les moins naturelles, s'étalant partout dans une nudité tapageuse. Les sculpteurs de notre temps ont laissé Clésinger loin derrière eux ; si l'on compare ses compositions à celles de nos contemporains, notamment aux danseuses qui se démènent au frontispice de l'Opéra, Clésinger paraîtra prude ; il en est de ses œuvres comme de celles de Georges Sand, qui contiennent des immoralités latentes, des théories subversives, des tendances dangereuses, mais qui, grâce à leurs apparences idéalistes et à la chasteté d'exécution, deviennent aujourd'hui des lectures presque édifiantes, en présence des chefs-d'œuvre du naturalisme.

Et ce même sculpteur, habile à représenter les séductions, le charme de la femme, sait aussi, quand il le veut, donner à ses compositions une expression, un caractère d'énergie, de vigueur et de force ; il entend à merveille la dignité, la noblesse de l'attitude. Etait-il rien de plus imposant que cette colossale statue de Charlemagne qui fut détruite en 1870 par l'armée prussienne, mais que nous pouvons apprécier encore grâce à la gravure et à la photographie. L'empereur est à cheval et s'avance dans l'attitude du commandement, le bras droit levé et armé d'une longue et lourde épée, montrant le chemin à ses armées. Il a l'aspect sévère et correct d'un empereur romain autant que la tournure chevaleresque, féodale et romantique d'un paladin couronné. L'attitude est facile. la pose est solennelle sans être théâtrale ; l'ensemble est majestueux comme l'épopée, composé de lignes nobles et simples comme ces légendes de Roland et des héros de ces temps reculés.

Hoche, *Marceau*, *Kléber* et *Carnot*, dont Clésinger avait obtenu la commande en 1878, et qui étaient destinés à décorer la façade de l'Ecole Militaire, sont moins remarquables que le Charlemagne. Le *Hoche* est une figure énorme, qui manque de caractère et de style. Le *Marceau* rappelle les imperfections, les défauts du François Ier, mais ces défauts sont atténués. Le cheval est moins lourd et mieux réussi ; dans ces quatre figures, le sculpteur s'est borné à la physionomie extérieure, sans aller à la physionomie morale.

Comme ses statues, ses bustes sont vivants ; non seulement la ressemblance est parfaite, mais ils révèlent le caractère, la pensée du modèle. Un buste, une statue n'est pas un simple portrait, c'est une glorification de l'homme dans le marbre. Le talent du statuaire est de dégager l'image de son héros de tout ce qui est mesquin ou trivial, de l'idéaliser tout en conservant la ressemblance, de changer cette enveloppe fragile qu'un souffle détruit, en une chair incorruptible, une chair de bronze ou de marbre, sous laquelle l'âme doit se refléter en caractères visibles. Dans ses bustes où il n'a fait que rendre le modèle vivant avec la souplesse ordinaire de son ciseau, Clésinger se montre modeleur incomparable de la figure humaine ; il sait donner à ses effigies l'expression, le mouvement, un masque à la fois individuel et typique, exact et idéalisé, où les traits essentiels sont soulignés, mis en relief, de façon à prendre une signification plus générale que celle d'un simple portrait. Sur ce terrain, Clésinger est véritablement un maître. Ce ne sont pas seulement les œuvres de fantaisie comme la femme du Transtevère qui sont admirables. Le buste de Charlotte Corday réalise bien l'idée qu'on se fait de la douce meurtrière que Lamartine a appelée avec un rare bonheur d'expression « l'ange de l'assassinat ».

Il a une autre supériorité : il travaille le marbre avec une adresse peu commune ; sous son ciseau, la pierre devient obéissante, presque humaine ; il souffle sur le marbre comme Ezéchiel sur les ossements inanimés, et le marbre s'anime, marche et crie. La vie et la jeunesse respirent sous l'élégant profil de ses statues, il sait jeter du drame dans la pierre, faire palpiter les muscles et frémir les nerfs avec une ardeur incomparable. Cette qualité lui vient et de ses premiers travaux et de son caractère. Il a appris fort jeune à façonner la pierre chez un père qui était lui-même un artiste ; son talent est héréditaire. Puis, toute sa vie il a été un homme de lutte ; il a combattu contre la misère, contre les dures épreuves d'une existence constamment troublée, il n'admet pas que le marbre lui résiste, il le soumet, avec le caractère violent qui le distingue, à ses caprices, à sa volonté, il le modèle à son gré, on sent qu'il aime le marbre avec passion ; parfois il s'emportait contre le praticien qui reproduisait mal le modèle et lui arrachant le marteau, il lui arrivait de refaire en quelques minutes de sa main vigoureuse et puissante le morceau qui lui déplaisait.

Son influence a été considérable.

Il y avait déjà à cette époque chez les sculpteurs

comme chez les peintres, une tendance générale à donner plus de mouvement et d'animation à leurs figures par l'étude attentive des réalités vivantes. Cette tendance, excellente lorsqu'elle est dirigée par une imagination saine, Clésinger a contribué à la développer. Comme Carpeaux, mais avant lui, il est de ceux qui ont poussé les sculpteurs à la recherche de la vérité et de la vie, qui ont joint à l'étude consciencieuse des formes humaines le souci précieux du geste, de la physionomie parlante, et qui, tout en n'abandonnant pas les traditions de l'art antique, ont essayé de puiser à d'autres sources.

Toutefois nos éloges ne peuvent être sans restrictions.

Comme Auguste Préault, mais dans un genre différent, Clésinger avait l'ambition du grand beaucoup plus qu'il n'en avait l'aptitude. C'est vainement qu'il rêvait la sculpture héroïque ; il était trop naturaliste pour la réussir. Certaines de ses œuvres ne vivent pas suffisamment de la vie de la pensée, elles vivent trop de la vie de la chair. Le plus souvent il dépasse le but, il n'est plus dans le vrai ; il recherche moins la profondeur que l'éclat, le style que le mouvement, la beauté noble, grave, sereine que la beauté provocante et toute extérieure d'une bacchante, d'une Cléopâtre ou d'une

Phryné. C'est un sculpteur romantique, décoratif, coloriste, improvisateur fougueux, mais inégal et un peu emphatique. Parfois son tempérament emporté l'entraîne vers l'expression heurtée et fiévreuse, et ce n'est pas sans raison qu'on l'a appelé en 1847 de ce surnom si souvent répété : Le Murat de la statuaire.

Il suffit pour constater ses imperfections, de se rappeler le François Ier et la bacchante.

Il y a dans l'attitude, dans l'ensemble, dans la physionomie du roi de France, une exagération, une emphase théâtrale qui peut convenir dans un cirque, mais dont la statuaire ne saurait s'accommoder. La bravoure pour se manifester clairement n'a pas besoin de cette pantomime excessive. Clésinger force le mouvement quand le calme est nécessaire et l'immobilité elle-même indiquée. Il substitue à la mesure et au goût l'exagération. C'est un roi de rencontre, un cavalier de parade que nous montre Clésinger, ce n'est pas le roi de France. On sait que même après son entrée à Paris, Henri IV ne fut pas, bien accueilli de tous ceux qui regrettaient les Valois. Une grande dame qui avait connu les trois derniers souverains, fut un jour présentée à Henri IV, et comme on lui demandait ensuite son avis sur le roi, elle répondit : « J'ai bien vu le roi, mais je n'ai pas vu sa majesté. » Le cas est le même pour le François Ier. Nous voyons bien le roi, nous ne voyons pas sa majesté. La bacchante est aussi d'un art bien matériel. On dirait une réminiscence du chevalier Bernin, et cette forte femme hommasse et vigoureuse serait fort à sa place à côté des plantureuses allégories de Rubens. Dans les compositions colossales, dans le général Hoche, dans le Jules César, l'ampleur tourne aussi à la bouffissure ; l'épaisseur, la lourdeur de la masse remplace la force et la vigueur. Une statue est grande par le caractère des formes, la dignité du mouvement et la hardiesse d'un ciseau sûr et fier bien plus que par ses dimensions réelles.

C'est que Clésinger voulait parfois plaire aux yeux plutôt qu'à l'âme, et vouait à la forme un culte exclusif. L'exécution est essentielle surtout en sculpture, mais l'exécution la plus habile ne suffit pas ; il faut qu'une œuvre reflète une pensée, une personnalité, un sentiment, le rêve de l'âme de l'artiste ou l'esprit de son temps. C'est ce qui donne à toute œuvre d'art son caractère, la poésie ; ce qui fait qu'une fois vue on ne peut l'oublier.

Clésinger eut le tort de croire qu'une certaine exaltation peut remplacer le génie et suffire pour produire des merveilles. Le génie n'est souvent qu'une longue patience. Entre les fugitives inspirations, les rêveries qui font apparaître le chef-d'œuvre aux yeux de l'artiste enchanté, il y a beaucoup plus loin que de la coupe aux lèvres. Clésinger procédait par bonds et par chutes : il obéissait à l'inspiration du moment au lieu de recourir à l'étude patiente, savante et féconde. Il n'avait pas assez compris et médité le mot de Phidias, chargé par Périclès des travaux du Parthénon : « Il me faut du temps et du repos. »

Mais s'il n'entre pas au temple de la gloire, il n'en est pas moins une des illustrations les plus éminentes de l'art français ; il a enrichi la sculpture contemporaine de quatre ou cinq morceaux qui dureront autant que le marbre ou le bronze dont ils sont pétris. Comme disait Alexandre Dumas père : « J'aime ce talent, parce qu'il a les trois conditions indispensables : il est [illegible] ; fécond, vivant. »

Clésinger est une individualité, une personnalité puissante, touchant au génie. Les brutalités de sa vie privée et publique s'oublieront et il laissera une mémoire digne du respect artistique.

AUGUSTE CLÉSINGER

CLÉSINGER

L'Homme privé. — Ses imperfections et ses qualités. — Son désintéressement. — Sa prodigalité. — Son caractère hautain et impétueux. — L'ardeur indomptable de sa volonté. — Son existence agitée soumise à de rudes épreuves. — Clésinger peintre. — Ses œuvres. — Clésinger pendant la guerre de 1870-71. — Les années tristes. — L'approche de la vieillesse. — L'indifférence du public.

V

Si le public voyait de près les hommes célèbres de notre temps, il serait souvent frappé par la disproportion de l'aspect physique avec l'illustration du personnage et éprouverait une déception ; cette déception il ne la ressentirait pas en ce qui concerne Clésinger.

Le statuaire était robuste et solide, d'une grande et noble tournure, avec la taille et la corpulence d'un cuirassier maigre, quelque chose comme le *Cuirassier de Géricault*, que l'on voit au Louvre. Son air, ses gestes, sa voix étaient autant d'un soldat que d'un artiste. Le front était élevé, le regard hautain, le nez aquilin d'un dessin très pur. La tête était belle et indiquait la fierté et même la violence. Irascible, recherchant les exercices du corps, toujours en déplacements et en voyages, il avait le tempérament d'un lutteur et ne redoutait aucun ennemi. On devinait l'artiste passionné pour l'indépendance, ne tenant compte dans ses actions comme dans ses ouvrages que de ses idées personnelles. L'homme et le statuaire s'interprétaient mutuellement avec une rare précision.

Dans le monde, au milieu de ses amis, il lui arrivait parfois de causer marbres et statues, il raisonnait avec la conscience de sa valeur, parlait volontiers de lui-même, de son talent, ne se ménageait point les éloges, et proférait des tirades contre le faux goût, la sottise des temps ; il ne craignait pas de piétiner sur ses rivaux, mordait à belles dents et aimait à frapper de grands coups. L'aveuglement, l'envie, la bêtise des masses, la froideur du public le révoltait ; la dureté de la critique l'exaspérait, il s'efforçait de la convaincre d'ineptie, et allait chercher à Rome une admiration dont Paris ne lui était pas prodigue. Ses boutades avaient une amère violence, quand il se mettait sur le chapitre de l'ingratitude humaine.

Sa renommée avait passé par les plus étranges soubresauts.

Un jour il avait été proclamé un des plus grands sculpteurs du siècle avec sa *Femme piquée*, puis on l'avait oublié. Il souffrait de cet abandon, il lui fallait des éloges, de la popularité. Il avait bu à la coupe enivrante et il s'irritait de n'y plus trouver toujours la même saveur.

Il se connaissait des envieux, des ennemis, il s'en exagérait le nombre.

Attaqué, ses ripostes étaient mordantes et réussies.

C'est Préault qui avait qualifié de Melingue le François Ier. Préault qui était un railleur, n'épargnait pas Clésinger, mais Préault parlait plus qu'il ne produisait, il décrivait ses statues, et ne les exécutait pas ; il se répandait en théories. Un jour comme on discutait sur Préault : « Laissez-moi donc tranquille avec votre Préault, dit Clésinger.... Un homme qui sculpte ses mots et qui parle ses statues. » Le mot était heureux, spirituel autant que laconique.

Pendant longtemps le nom seul de Gustave Planche le faisait bondir. Le célèbre critique n'avait-il pas osé déprécier ses œuvres ! La colère de Clésinger fut terrible, quand il se vit publiquement accusé d'avoir moulé sur nature sa statue de la *Femme piquée*.

Un moulage ! Clésinger ne voulait rien moins que pourfendre le diffamateur. Il se précipita chez lui comme un ouragan, pour exiger une rétraction. Planche se confectionnait tranquillement lui-même sa tasse de chocolat. Il dut sur l'heure s'engager d'honneur à faire à bref délai une rectification.

Clésinger racontait volontiers toute cette scène de l'entrevue, la stupéfaction, l'ahurissement de l'écrivain, et sa soumission aux exigences du sculpteur.

Il détestait surtout l'Institut qui d'ailleurs le lui rendait bien. Quand il abordait ce chapitre de sa voix de crecelle nasillarde, il ne tarissait plus. M. Guillaume, directeur de l'Académie de peinture française à Rome et tous les pontifes de l'école officielle étaient l'objet de ses plaisanteries d'atelier. Il fallait entendre de quel ton il disait : « Môssieur Guillaume, de l'Institut. »

Georges Sand dont il avait reproduit les traits avec maestria était pour lui devenue une ennemie. Il ne dissimulait point sa haine et ses rancunes ; nous ne rappellerons pas ses paroles sur cette femme célèbre.

Il parlait volontiers de ses prouesses pendant

la guerre de 1870, de ses promenades à travers la France, de l'organisation de ses volontaires ; mais il préférait énumérer ses bonnes fortunes et l'odyssée de ses aventures galantes ; il était intarissable sur le roman de ses amours ; de grandes dames romaines avaient subi, à l'entendre, sa victorieuse influence.

Sévère pour les artistes ses contemporains, il était difficile pour lui-même. Si une de ses œuvres ne lui plaisait pas, il la brisait. C'est ce qui arriva pour une *Hérodiade* portant la tète de Saint Jean-Baptiste et pour d'autres compositions qui ont disparu ; il manifestait hautement son admiration pour les chefs-d'œuvre qu'il avait rencontrés en Italie et parlait avec enthousiasme de Rome où il était allé à l'âge de seize ans, des merveilles de l'art antique comme des grands artistes de la Renaissance, comme de Coustou et de Coysevox.

Un mot peint le sculpteur.

Il voulait exécuter en marbre son François Ier, mais la statue est énorme, lui disait-on, où prendre un tel bloc ?

— A Carrare.

— Comment l'amener ? il n'y a pas de route.

— On en fera une, répondait Clésinger.

Alexandre Dumas raconte un autre mot de l'artiste.

« Qu'on amène au Champ de Mars quarante tombereaux de terre pour les membres de l'Institut, et quarante tombereaux pour moi tout seul, j'aurais fini mes quarante statues avant qu'ils aient commencé l'esquisse des leurs. »

Cette grande idée qu'il avait de lui-même, il l'exprimait sans détour, avec une certaine naïveté; il écrivait à Madame Boyer, sa sœur : « J'ai vu à Rome tous les ateliers des sculpteurs ; ils n'ont pas moitié de mon talent ; cet hiver, lorsqu'il y aura des étrangers, je pourrai gagner beaucoup d'argent. » La même pensée, nous la retrouvons dans toute sa correspondance avec Charles Weiss. Il eut dit volontiers : « La sculpture, c'est moi. »

Avec sa nature impétueuse et hautaine, son impossibilité de dissimuler ses impressions, son habitude de dire nettement toute sa pensée, il se créa des hostilités nombreuses et fort vives. Cette indépendance, cette fierté n'étaient point faites pour plaire à tout le monde et ne pouvaient servir l'artiste dans ses intérêts. Son humeur inégale, ses violences lui suscitèrent aussi des ennemis. Ses colères étaient terribles, comme celles de Benvenuto Cellini. Ces deux hommes, le sculpteur et l'orfèvre ont de surprenants points de contact. Tous deux vivent dans une surexcitation perpétuelle, dans un fanatisme pour leur art, qui ne leur permet pas de voir au delà. Tous deux passionnés pour le beau, d'une imagination faite de poésie, ont un caractère intraitable. Des exaspérés avec des mains d'enchanteurs. C'est aussi chez tous deux le même sentiment d'orgueil, la même satisfaction d'eux-mêmes.

Le trait le plus saillant, celui qui distingue surtout le sculpteur et l'homme, c'est l'ardeur indomptable de la volonté, une fermeté que rien n'abattit, une persévérance que rien ne lassa. L'art de la statuaire est des plus difficiles. Les sculpteurs ne peuvent pas, comme les peintres, escamoter ce qui les embarrasse. L'airain, le marbre, la pierre ne souffrent pas l'à peu près, et la forme dépouillée demande impérieusement la correction La multiplicité des profils trahirait bientôt la faute. Pour réussir, Clésinger lutta avec énergie et avec une indomptable ardeur contre la misère souvent, l'injustice quelquefois. C'est par la force d'une volonté puissante qu'il a réussi à se faire accepter et à s'imposer par son talent. Il fut soutenu par un sentiment peut-être exagéré de son mérite, contre les obstables, les chagrins et les résistances qui, par sa faute, ne lui furent pas épargnés. Il fut un stoïque, un vaillant, doué d'une volonté de fer ; un de ces rares artistes qui se soucient peu de la popularité facile et préfèrent mourir pauvres, méconnus même, plutôt que de transiger un seul jour avec la conscience de leur génie. Carpeaux eut celà de commun avec Clésinger. D'ailleurs, le fait seul de consacrer sa vie, son temps et son talent à la grande sculpture, à la statuaire monumentale, est une marque suprême de volonté, d'abnégation et de force. Non-seulement dans notre société démocratisée la grande peinture agonise pour être remplacée par la peinture de genre, plus propre à décorer un salon bourgeois ou un boudoir élégant, mais en dehors des gouvernements, qui donc encourage la statuaire, qui essaie de favoriser ce grand art autrefois si florissant et si fécond, qui couvrait de chefs-d'œuvre Paris et la France et est destiné surtout à orner soit des monuments publics, soit des installations princières? Un sculpteur qui persiste à l'être et n'est que cela, c'est de l'héroïsme. Clésinger fut animé de cet héroïsme jusqu'à son dernier souffle.

Il est une autre qualité que nous devons signaler, c'est l'ardeur au travail du grand sculpteur. Il consacra sa vie entière à l'art qu'il adorait, ne se donnant guère de repos, poursuivant son idéal, avec une ardeur fébrile. C'était plus qu'un auda-

Le Christ, pages 106, 107, 108.

cieux, c'était « un laboureur de l'esprit, selon l'expression de Dumas, s'attelant à l'œuvre dès que le soleil brille, ne la quittant que lorsqu'il disparaît, y revenant quand il se lève. » Nul ne fut un laborieux plus persistant, plus acharné, plus épris de l'atelier. Georges Sand l'appelait « le sculpteur enragé ». La vie de Clésinger fut un labeur ininterrompu, « le sculpteur enragé » fut plus qu'un travailleur, ce fut un producteur des plus féconds.

Dès sa jeunesse il eut la passion des sculptures monumentales et songea à exécuter des œuvres de dimension colossale. Ses ressources ne lui permettaient pas de réaliser ces conceptions grandioses, mais les tentatives de l'éminent artiste prouvent qu'il avait conscience de sa force. Ce n'est pas chose commode que de construire une figure dépassant de beaucoup la nature. Le grandissement mathématique ne suffit pas, et la plus légère erreur dans le modèle de dimension humaine produirait grossie à cette échelle une déviation incroyable. Il faut que l'esprit, l'œil et la main s'accoutument à ces travaux gigantesques. Clésinger a le plus souvent surmonté ces difficultés avec un rare bonheur.

Les questions d'argent lui étaient pénibles, il

avait horreur de discuter le prix de ses œuvres, et apportait dans toute négociation pécuniaire des susceptibilités de délicatesse excessives. Il ne songeait même pas à calculer les frais que lui occasionnaient ses statues. Celle de François Ier fut vendue à l'Etat trente mille francs. Elle avait coûté, modèles, armures, poses, achat de chevaux près de cent mille francs. Ce trait montre l'homme. Plus que généreux il dépensait follement sans compter, sans même raisonner ses prodigalités, sans réflexion aucune. Dans la correspondance d'une femme avec laquelle il vécut pendant de longues années, nous trouvons ces lignes : « Avant hier j'arrive au bout de ma tâche qui était l'arrangement des affaires de ce grand enfant qui me donne mille inquiétudes et mille tracas. Tout dans ses procès se termine avantageusement pour lui ; il touchera 17,000 francs et continuera ses travaux. Enfin je respire, mais j'apprends qu'il s'en va en spéculateur à la vente Demidoff ; et là, le croiriez-vous, il rachète aux enchères publiques sa statue de Bacchante pour le prix de 15,000 francs qu'il lui faut solder demain matin comptant. Pensez-vous que ce soit assez décourageant ? Me voir sans le sou avec tous les billets à payer ! Une statue qui se vendra Dieu sait quand.... Enfin toujours la misère et les expédients ! Et pas moyen de lui faire comprendre qu'il agit comme un fou. Il fait tout ce qu'il peut pour s'enfoncer et s'en prend aux autres. Il n'est pas possible d'avoir de l'empire, la plus petite influence sur lui. Il vous glisse entre les doigts.... »

Ce manque d'argent que constate cette lettre et qui fut habituel chez Clésinger, même à la fin de sa vie, ne l'empêchait pas d'être désintéressé. Un exemple à l'appui : Il avait quitté Paris en 1870 pour devenir colonel sans soldats ; rentré dans ses foyers après la paix, il trouva sa maison saccagée par les Prussiens. Meubles, tableaux, quarante albums remplis d'études faites depuis quinze ans, tout avait été pillé, volé, anéanti. Il n'éleva aucune plainte et ne demanda non seulement aucune indemnité mais aucune des compensations qu'il était en droit d'obtenir par son talent. Courir après la commande lui paraissait indigne de lui. Il attendit, et la statue de Marceau fut la première dette payée à son génie d'artiste.

C'était un tempérament puissant qui avait de grands besoins matériels ; comme le maréchal de Bassompierre il aurait pu, lui aussi, boire d'un trait à la santé des treize cantons suisses ; simple nécessité physique et nullement excès. Il était aussi gros mangeur qu'excellent buveur, c'est ce qui se produit souvent chez les grands artistes, chez les grands écrivains. Victor Hugo possédait un fort appétit et Alexandre Dumas dévorait : que de bocks de bière, que de verres de vin blanc a engloutis le peintre Courbet ! Clésinger estimait que le vin était un stimulant nécessaire : « Si vous étiez obligé, écrivait-il à sa sœur Marie, de mener la vie de travail et de lutte qui est mon lot, vous sentiriez combien est bon un verre de vin véritable. »

Trop indépendant pour solliciter l'appui de personnages influents, il connut peu ce qu'on appelle des protecteurs. M. Emile de Girardin fut un des premiers qui le soutinrent énergiquement à ses débuts, et célébra à plusieurs reprises son talent, mais plus tard le protecteur et le protégé, se brouillèrent. Clésinger était tellement habitué à vaincre seul qu'il ne pouvait garder un appui. Cela le gênait. Il resta cependant lié d'étroite amitié avec Alexandre Dumas qui dans de nombreux articles protesta contre l'imputation adressée à l'artiste de mouler ces statues sur le modèle vivant. Ces deux natures exubérantes s'accordaient admirablement. Peut-être cependant crurent-elles seulement se comprendre, car plus d'une fois sculpteur et romancier durent parler en même temps sans s'entendre, chacun poursuivant son idée. Gérard de Nerval fut aussi de ses amis. Il répétait souvent que le poète ne s'était pas donné la mort. Il aimait, disait-il, à parcourir de nuit les quartiers louches des environs des Halles, pour en étudier les mœurs curieuses. Ses fréquentes promenades ayant attiré l'attention et la défiance des *grinches,* ceux-ci le pendirent haut et court comme un espion de la police. Ajoutons que Paul Dalloz, qui fut toujours d'une extrême bienveillance pour ses compatriotes de Franche-Comté, lui prodigua un affectueux dévouement, le défendit contre les critiques d'adversaires trop ardents, et l'aida dans des circonstances difficiles en achetant plusieurs de ses œuvres. L'éminent artiste entretenait aussi des relations avec un autre comtois, Jules Grévy, dont il flattait la manie pour le billard et les échecs. Enfin il était nous l'avons dit, très lié avec Chopin qu'il appelait Chip-Chip. La seule musique qu'il aimait était celle du maître polonais.

Classique par le talent dans beaucoup de ses œuvres, il était resté romantique par la tenue, s'en allait à travers les rues en chapeau mou sur la tête, pantalonné à la hussarde et vêtu d'un complet marron devenu légendaire. Romantique, il l'était surtout par le langage ; il empruntait ses formules familières au répertoire des drames de cape ou d'épée. Quand il entrait dans une antichambre, il lançait avec des intonations et des gestes à la Frederick un « Hola, quelqu'un ! » qui faisait frémir la domesticité. Les aubergistes de la forêt de Fontainebleau se rappellent encore le ton théâtral avec lequel il annonçait son arrivée et vociférait contre « le tavernier du diable », s'il ne se montrait pas assez empressé.

Son existence agitée fut soumise à de rudes épreuves.

Il avait pour sa fille une affectueuse tendresse. Lorsqu'après dix années de mariage éclata le procès en séparation de corps, les deux époux étaient d'accord pour la séparation ; il s'agissait seulement de savoir à qui l'enfant serait confiée : « Espérons qu'elle nous sera rendue, écrivait Clésinger, et qu'elle sera élevée au Sacré-Cœur. J'espère que vous m'enverrez le plus tôt possible quelques lignes pour me dire que vous m'aimez toujours et que vous prenez bien part aux chagrins qui m'accablent. » L'artiste se faisait illusion. La magistrature décida qu'il n'était guère capable de donner à une enfant l'éducation, les soins nécessaires. Ce fut une amère déception. Deux années plus tard, sa fille mourut. Sa douleur fut vive et profonde. Le 11 août 1857, il écrivait de Rome à sa mère : « Je souffre plus que l'on ne pense, et tous les jours je pleure ma pauvre enfant.... » Le 26 décembre 1859, il écrivait encore : « Je pense toujours à ma pauvre Jeanne, je sais bien que cette douleur là est éternelle ; je souffre cruellement de ma solitude, et je ne me console pas. » L'enfant fut pleurée avec les mêmes regrets par sa grand-mère. Le dernier cri, l'unique cri féminin de Madame Sand a été dans la dernière phrase de l'*Histoire de ma vie*, un appel suprême à sa petite-fille morte, Jeanne Clésinger : « O mon ange adorée, ta mort m'a arraché mon cœur ; pourquoi ne t'ai-je pas suivie ?

A ses heures Clésinger se révèlait peintre.

A notre époque l'art se déclassifie et s'universalise ; le sculpteur devient volontiers peintre, ce qui n'a rien de surprenant. Peindre, sculpter, dégager la forme du marbre ou de la toile, n'est-ce pas au fond une même opération de l'esprit dont le moyen manuel seul varie. Comme les grands et merveilleux artistes de la Renaissance qui se servaient tour à tour de l'ébauchoir, de la palette et de l'équerre, comme les Michel Ange, les Léonard de Vinci, Raphaël et bien d'autres, comme de nos jours son compatriote Gérome, comme Falguière, qui s'est fait un nom par ses tentatives picturales, comme M. Antonin Mercier, l'éminent statuaire de *Gloria Victis*, de *David*, de *L'Apollon*, Clésinger n'était pas homme à se confiner dans une spécialité. A vingt ans, pendant son séjour en Suisse, il dessinait déjà avec talent des paysages d'après nature, il faisait des portraits. Savoir le dessin, c'est posséder la moitié de la peinture. Toute sa vie il se montra fier de ses succès comme peintre, désireux de prouver que la main qui modelait une statue savait en faire une figure dessinée ou peinte, qu'il était capable de se mouvoir librement dans une sphère encyclopédique et qu'il pouvait s'assimiler l'architecture, la sculpture, la peinture, trois formes de la même idée.

La peinture lui fournissait d'ailleurs des ressources pécuniaires indipensables.

La sculpture entrainait pour lui des frais considérables. Il avait sous ses ordres de nombreux praticiens qu'il fallait payer chaque semaine. L'argent ne manquait pas, mais n'était pas abondant. Les œuvres d'art coutent cher pour le statuaire et ne trouvent pas toujours des acheteurs. L'artiste cherchait une compensation dans la production facile du tableau et surtout du paysage. Il y avait

Sapho au rocher de Leucade.

dans un coin de l'atelier au milieu des jambes, des mains et des masques de plâtre qui en constituaient l'ornement, un chevalet, une toile toujours prête à recevoir l'inspiration du peintre. Quelques heures suffisaient pour la garnir d'une peinture qui était vendue à l'avance, et payée aussitôt la livraison. Clésinger était sûr ainsi de faire face aux dépenses courantes.

Le peintre a les mêmes qualités que le sculpteur. Sa peinture se distingue par la vigueur, la violence, l'intensité des tons. C'est un coloriste qui aime mieux Rubens que Prudhon, Géricault que Raphaël, David, Girodet et Guérin. Clésinger a une manière neuve, originale, saisissante; nulle trace d'école, nulle imitation; aucun intermédiaire entre la nature et le peintre. Il apporte dans ses œuvres les mêmes aptitudes que dans la statuaire. Sculpteur, il donne la vie au marbre par la saillie des muscles, le naturel des mouvements, l'opposition des lignes. Peintre, il anime la toile par des lumières et des ombres. Dans les lumières comme dans les ombres son coloris cherche la vigueur et la chaleur. L'ensemble a de l'éclat, des notes un peu aigres, des tons mal fondus, mais il y a des effets de couleur puissants, qui font deviner le tempérament de feu de l'artiste; sa personnalité s'accuse assez pour que la signature soit inutile ; ses tableaux attirent l'œil. Les contrastes entre la lumière et l'ombre, ses arbres au feuillage impénétrable, ses ciels où les nuages épars fuient devant le vent, attestent un talent réel. La touche est libre et large comme la touche des maîtres. Il peint avec une fougue étonnante, en se jouant, moitié avec la brosse, moitié avec le couteau. Il essaie parfois de rivaliser avec les plus chauds effets des Rubens, des Véronèse et des Rembrandt ; dans certains de ses tableaux se rencontrent cette lumière et cette couleur que donne le soleil de Rome ; on devine l'homme qui a étudié sur le sol classique des chefs-d'œuvre.

Il lui manque pourtant une première éducation assez solide, assez sérieuse, assez prolongée pour lui livrer tous les secrets d'un art qu'il avait rarement cultivé. Il ignore les teintes adoucies, vaporeuses, il ne connait pas ce que l'on appelle vulgairement les ficelles, ce qui constitue le métier. Beaucoup de ses peintures sont d'une teinte vulgaire, un peu heurtées, trop poussées au noir et un peu dures. Il y a parfois trop d'audace et de l'exagération, et certains de ses tableaux étonnent plus qu'ils ne charment.

Il a surtout reproduit des paysages de la campagne romaine ; il aimait à faire de longues excursions dans les environs de la ville Eternelle, et se plaisait à brosser là de vigoureuses études. Quelques-unes sont excellentes ; il y a notamment des *crépuscules*, tableaux de chevalet de premier ordre. Le plus souvent il animait ses paysages en peignant des laboureurs se reposant à côté de leurs chariots dételés, des bœufs ouvrant le sol profond et tenace, des bouviers aiguillonnant leur attelage, ou du bétail couché à côté d'une eau limpide sous l'ombre épaisse de grands arbres. Les bœufs sont habituellement de magnifiques bètes, des bœufs de Clitumme à pelage gris de fer, à cornes démesurées. Parfois c'est le calme, la solitude, l'aspect sévère de certains pays de l'Italie qu'il essayait de reproduire; il réussissait à en représenter la grandeur sauvage et morne, parce qu'il avait une intelligence profonde du caractère, des sites qu'il avait sous les yeux, un véritable tempérament d'artiste.

Plusieurs de ses paysages furent remarqués au salon de 1859; son admirateur et son ami Théophile Gautier fit son apologie en des termes enthousiastes « Un paysage de Clésinger, disait le célèbre critique, nous montre un grand troupeau de bœufs s'éveillant aux premières blancheurs de l'aube dans le pâturage où il a passé la nuit ; le ciel d'une pâleur argentée secoue les rosées du matin sur des prés d'un vert glauque qu'estompent comme des fumées les vapeurs du sol humain. Le frisson de l'aurore, la fraîcheur du réveil, l'étonnement joyeux de la terre émergeant de l'ombre, tous les charmants mystéres de la première heure du jour n'ont jamais été plus poétiquement surpris et fixés sur la toile. »

Et Gautier ajoutait : « Ces tableaux mettent pour nous le sculpteur Clésinger au premier rang parmi les paysagistes. C'est une manière neuve, originale, inconnue, saisissante ; nulle trace d'école, nulle imitation, aucun intermédiaire entre la nature et le peintre. » Eloge mérité pour certaines toiles, exagéré pour quelques tableaux qu'il nous a été donné de rencontrer et qui sont loin d'atteindre la perfection.

Sa science d'anatomie permettait au peintre de reproduire la forme humaine, des figures de grande dimension, presque colossales. L'une des plus curieuses est la *Tentation d'Eve.* Cette Eve géante, comme il convient à la mère du genre humain, rappelle les statues du monument des Médicis, les grandes figures des Sibylles sixtines, de la Nuit, et de l'Aurore qui se tordent ainsi sur les volutes de leurs tombeaux ; elle écrase de ses flancs robustes les larges fleurs du paradis, dans une pose mouvementée, un peu bizarre, qui a permis à l'artiste de montrer non seulement son talent de coloriste, mais son habileté comme dessinateur. Auprès de cette femme énorme qui cependant conserve une grâce puissante, est le serpent dont la tête scintille et flamboie, dont les anneaux paraissent et disparaissent parmi la ruisselante chevelure de sa victime. Elle sommeille, mais son corps tressaille sous les tentations qui l'obsèdent. Dans le haut du tableau se détachent les feuilles du pommier fatal.

L'œuvre de Clésinger qui fut achetée par Alexandre Dumas, fut appréciée au Salon de 1859 ; elle prit place plus tard à l'exposition des *Amis des Arts de Bordeaux*.

A cette page colorée que certains critiques trop enthousiastes comparèrent à une peinture de Rubens, doivent s'ajouter des paysages fantastiques qui rappellent ceux de Gustave Doré et plusieurs tableaux de chasse. Disons entre parenthèses que Clésinger était un chasseur infatigable comme deux de ses frères, et qu'il était superbe à voir, lorsqu'il revenait en vainqueur dans Rome, entouré de ses douze magnifiques chiens courants et triomphalement précédé des dépouilles opimes de quelque daim, de quelque chevreuil ou de quelque sanglier.

En somme le sculpteur seul vivra. Le peintre restera inconnu et aujourd'hui est presque oublié, ce qui n'empêchait pas Clésinger de se considérer comme l'émule de Michel Ange et de hausser les épaules lorsqu'on lui parlait de Delacroix, d'Ingres ou de Messonnier. Le génie a de ces faiblesses.

En 1870, Clésinger se souvint qu'il avait été, en 1838, secrétaire du trésorier au 1er régiment de cuirassiers à Melun.

Il apparut à Besançon, botté pour ainsi dire jusqu'à mi-corps, armé de pistolets et d'un sabre de dimension colossale, costumé d'un magnifique uniforme. Il avait toujours eu le goût du panache révélé par son François Ier. Il était colonel sans régiment, il aurait voulu être général. Il rêvait d'organiser dans son pays le bataillon des Francs-Comtois ; personne ne répondit à son appel. Il se promena pendant quelques jours dans les rues de la ville que commandait le général Roland, admiré des naïfs qui, le voyant décoré de la croix d'officier de la Légion d'Honneur, le prenaient pour un foudre de guerre ; on ne rencontrait que lui ; puis il disparut pour se rendre à Tours et à Bordeaux où était établi le gouvernement de la

Défense nationale ; on n'entendit point raconter qu'il eut remporté une victoire éclatante.

A Tours il adressa au directeur du *Moniteur Universel* la lettre suivante :

« J'apprends que par un sentiment patriotique qui vous honore, vous avez provoqué au *Moniteur* une souscription nationale afin de manifester hautement la reconnaissance de la France entière à l'héroïque défenseur de Strasbourg.

» Je viens mettre au profit de votre souscription nationale le talent que Dieu m'a donné, et suis à votre disposition pour graver sur le marbre les éternels traits du brave général Ulrich »

La statue devait rester à l'état de projet. L'enthousiasme pour le défenseur de Strasbourg n'ayant été que feu de paille.

Après la guerre, il avait repris l'ébauchoir et jusqu'à la fin de sa vie, il ne cessa de travailler avec ardeur. L'inspiration n'avait point disparu, et à la différence de certains artistes, peintres ou sculpteurs qui, en avançant dans la vie, ne produisent plus rien qui soit digne de leurs premières années, il continuait à créer des œuvres qui attestaient encore un haut mérite ; mais l'oubli avait succédé à la gloire tapageuse qui entourait son nom sous la monarchie de juillet et sous l'empire ; puis l'âge avait modifié sa nature : les infirmités étaient venues, les années avaient apporté avec elles la tristesse, de pénibles souvenirs, de douloureux retours ; c'est le danger d'une existence trop riante, où le plaisir a pris trop de place. Que de regrets alors pour la jeunesse envolée, pour ses joies enivrantes, pour ses chagrins passagers dont le souvenir est sans amertume, pour toute cette vie si pleine, si active, si animée ! C'est le mauvais côté d'une existence passée dans le bruyant oubli des devoirs sérieux et sévères de la vie. Clésinger n'avait plus l'entrain, la folle gaieté de ses premières années ; les échecs, les traverses dont il s'était attiré un bon nombre par son caractère indomptable, les assauts répétés de la malveillance, les mécomptes l'avaient rendu défiant, réservé, misanthrope. Les blessures faites à son amour-propre s'avivaient encore, par les cruelles difficultés de la vie.

La mort vint l'enlever aux approches menaçantes de la vieillesse le 6 janvier 1883. Comme le baron Bosio, un autre sculpteur de talent, il mourut presque subitement.

Le 3 janvier à midi, il déjeûnait et venait de manger avec appétit deux ou trois tranches d'un gigot de chevreuil, quand il se baissa pour ramasser un objet tombé. Sa parente qui était avec lui

Faune.

vit qu'il ne se relevait pas. Elle se leva et alla à lui. Une congestion l'avait frappé, et il était paralysé de tout le côté gauche. On le porta aussitôt dans son lit, et le médecin qu'on courut chercher donna peu d'espoir.

Jusqu'au lendemain soir, le malade conserva sa connaissance. Il s'exprimait difficilement ayant la moitié du visage prise. Il saisissait sa main gauche avec sa main droite, et essayait de la soulever. Il se rendait compte de la gravité de son état.

Le 4 au soir, il fut dans l'impossibilité de parler et resta ainsi toute la journée du lendemain sans que les soins dont il était entouré fussent parvenus à le tirer de son état léthargique. Le 6, à deux heures, il cessa de vivre.

Le 5 janvier, un de nos premiers hommes de guerre, le général Chanzy, succombait également d'une manière foudroyante. Le lendemain, 6 janvier, avaient lieu les funérailles de Gambetta. La plupart des journaux consacrèrent de longs articles à l'ancien dictateur et reproduisirent les longs discours prononcés sur sa tombe. Ils ne donnèrent que quelques lignes au grand sculpteur.

Il eut le dernier honneur d'être enterré aux frais de l'Etat. Mais pendant qu'une foule venue de tous les coins du monde entourait le cercueil du tribun et qu'il était enseveli dans toute la flore de la France, on inhumait l'artiste sans bruit, sans amis, comme aux obsèques d'Alfred de Musset.

Une trentaine de personnes suivit ses restes mortels à leur dernière demeure, triste dénouement pour un artiste que l'on avait signalé quelques années auparavant comme le Puget du siècle et le Michel-Ange de la France. Parmi les assistants, MM. Paul Dalloz et Henri Houssaye ; une jeune fille connue à Paris par son talent de comédienne et sa grâce de femme, accompagnait aussi avec son frère plus jeune encore, le convoi du sculpteur. Ils étaient en grand deuil tous deux, et lorsque la terre retomba sur le cercueil, ils pleuraient tous deux. Ils avaient tenu à rendre un dernier hommage à celui qui dans son égoïsme coupable les avait si peu connus et si mal aimés.

Clésinger travaillait alors à ses grandes statues équestres qu'il appelait ses hommes de fer, et sur lesquelles il comptait pour assurer la gloire de son nom ; il les montrait à ses rares amis et disait : « Je n'ai plus confiance qu'en elles. J'espère que ces statues militaires, Hoche, Kléber, Carnot. Marceau, me porteront bonheur, à moi qui suis toujours resté soldat et patriote. » Il avait entrepris de faire revivre les généraux de la Révolution et avait réussi à trouver un accent très personnel pour ses évocations militaires. Sa tâche reste inachevée.

Il laissait dans son atelier, rue de l'Université, n° 182, au garde-meuble, le projet d'un monument que les États-Unis se proposent d'élever à la mémoire de La Fayette. Aux quatre angles du piédestal, sur lequel est élevée la statue équestre du général français, il devait sculpter Rochambeau, d'Estaing, Green et Paul Jones. Il y avait aussi dans ses cartons le dessin d'une fontaine publique pour la ville de Lyon et un projet plaisant, mais qui semblait chez lui une toquade, car il y revenait souvent; c'était la République assassinée par les avocats. Il détestait d'autant plus les avocats qu'il avait perdu à peu près tous ses procès. Cette aversion que nous n'avons pas à discuter, était un des traits de son caractère.

La dernière œuvre à laquelle il ait travaillé est un groupe allégorique qui n'est pas sans analogie avec une composition faite par lui en Italie en 1861. C'est une femme à moitié nue, assise sur un lion qu'elle conduit en laisse. Il avait baptisé le lion et appelait la femme d'un nom connu.

Il songeait à faire écrire sous sa dictée ses mémoires. Il avait été admis dans l'intimité des esprits les plus distingués dans le monde artistique et littéraire ; il avait approché les plus grands personnages surtout sous le règne de Napoléon III. Il avait été en relations avec tous les artistes de la génération de 1830 ses contemporains et ses émules ; son livre eut été des plus curieux, une page unique d'histoire, mais qui n'aurait pas été d'une haute impartialité ; il lui aurait été difficile de dissimuler ses impressions toujours très vives, le peu d'estime que lui inspiraient ses rivaux et ses ennemis.

Vivant seul, sans amis, persuadé que l'on ne songerait pas à lui élever un monument funèbre, il l'a sculpté lui-même ; il représente : *Electre pleurant sur une urne.*

Regrettons pour l'art, mais non pour Clésinger, que la destinée ne lui ait pas accordé des jours plus nombreux. Les années s'étaient écoulées relativement heureuses, et ses œuvres lui avaient acquis des titres incontestables, sinon à la gloire, du moins à une haute réputation bien établie. La vieillesse n'aurait eu pour lui que des amertumes. Les sommes d'argent qu'il gagnait chaque année avaient été gaspillées avec les habitudes de prodigalité de sa jeunesse. Pendant longtemps l'or avait afflué, obéissant à sa main magique, mais il s'était évanoui, comme si l'artiste eut ouvert les

Femme au tigre.

fenêtres pour l'éparpiller au vent du ciel. L'argent, il l'avait traité en esclave, l'esclave devenait son maître. Supposons que les infirmités se fussent aggravées et l'eussent rendu incapable de tout travail, le grand artiste aurait péniblement traîné ses dernières années. Qui sait s'il n'aurait pas retrouvé, non la misère, mais la gène, gaie, chez un jeune, effroyable, chez un vieillard. Peut-être en serait il arrivé à douter de lui-même dans la solitude et dans l'obscurité. Sa réputation ne pouvait grandir ; il disparaissait assez tôt pour ne pas se survivre, léguant à la postérité la mémoire d'un nom qui ne doit pas mourir, et qui survivra quand des statuaires d'un talent au moins égal au sien seront tout à fait oubliés.

La nomenclature de son œuvre se trouve dans tous les dictionnaires historiques, il n'en est pas une qui soit complète ; disséminés partout, ses bustes et ses statues sont innombrables. On en compterait deux cents qu'on en oublierait encore. Combien de bacchantes, de danseuses, d'Hélènes, de Cléopâtres, de Dianes, de Transtéverines, de Libertés et de Républiques ! Combien de bustes, combien de taureaux romains dont on pourrait dire ce qu'Antipater disait de la vache de bronze de Myron : « Cette bête va mugir, je pense, et brouter le lotus et le serpolet. »

Nous publions de cette œuvre le catalogue détaillé.

Peut-être ai-je suivi trop longuement le cours de cette vie agitée et laborieuse dans ses divers efforts et ses diverses vicissitudes, dans ses jours de lutte et ses heures de succès ; il m'a paru curieux de donner sur ce grand irrégulier des détails inédits.

Grâce à ses lettres écrites au courant d'une plume qui lui était moins familière que le marteau, l'artiste nous apparaît tel qu'il fut toujours ; c'est une autobiographie que nous livrons au public.

Chose étrange, Clésinger, qui rêvait sans cesse de travailler pour sa ville natale, n'a rien fait pour elle. Son père a laissé à Besançon une œuvre vivante, digne de son talent, qui suffirait à perpétuer son nom : la statue du Cardinal de Rohan, qui orne la cathédrale Saint-Jean. Le prince de Rohan est à genoux, implorant le Dieu pour l'amour duquel il a renoncé aux joies du monde et aux plus hautes dignités. La figure est expressive, ressemblante, fort belle. L'église de la Madeleine est aussi garnie de six groupes de grande dimension, représentant des scènes de la Passion. Quant à Auguste Clésinger, il n'a sculpté pour

Besançon qu'une vierge placée à l'église Saint-Pierre et les statues des douze apôtres à l'église Saint-Jean.

C'est tout ce que Besançon possède de son Phidias.

Bacchante.

AUGUSTE CLÉSINGER

Clésinger en 1882.

CLÉSINGER

LE CATALOGUE DE SES ŒUVRES

Année 1832.

Dessins de monuments de Rome.

1833

Portrait d'Armand Barthet, au crayon noir.

Portrait d'Alexandre de Saint-Juan, au crayon noir.

1834

Portrait de Charles Weiss.

1835

Dessins sur nature de paysages suisses. (Dessins au crayon et à la sépia.)

1836

Vierge en terre cuite.

1838

Buste de Mademoiselle Dubin.

Buste du général Bougenel.

1839

Jean II. (Plâtre.)

1840

Buste de M. Porchat, exécuté à Lausanne.

Buste du docteur Secretan, de Lausanne, buste en marbre.

Buste du général Laharpe.

1841

Buste de M. Perdonnet, de Lausanne, buste destiné à la ville de Vevey.

Buste en marbre du professeur Chavanne, de Lausanne.

Statue de Pandore, au moment ou Pandore va ouvrir la boîte fatale. La première œuvre d'art sortie des mains de Clésinger, statue en plâtre.

Dessins des tombeaux de la cathédrale de Lausanne.

Un dessin de la porte de cette cathédrale.

Dessins des statues.

Dessins de divers monuments de Lausanne.

Dessins d'édifices publics et de monuments de Genève.

1842

Portrait à l'huile de M. ***, exécuté à Genève.

Portrait à l'huile de Mademoiselle ***.

Dessins à la sépia exécutés à Genève.

Dessins à la mine de plomb, exécutés à Genève.

1843

Buste en marbre du Vicomte Jules de Valdahon.

Portrait de Clésinger à la sépia, en pied. Appartient à Madame Boyer-Clésinger.

La Vierge, l'Enfant Jésus et Saint Jean-Baptiste, à l'église Saint-Pierre à Besançon.

1844

Le premier crime. Adam et Eve retrouvant le corps d'Abel. Le groupe ne fut que modelé.

Buste de Scribe.

Buste de la Vicomtesse Marie de Valdahon.

Buste de Charles Nodier.

Un Christ en marbre. Appartient à Madame Boyer-Clésinger, à Besançon.

Rêve d'amour.

Les douze apôtres. A l'église Saint-Jean, à Besançon.

1845

Le Duc de Nemours. Buste en marbre.

Buste de Madame Marie de Magnoncourt. Marbre.

Charles Weiss. Marbre.

1846

La Mélancolie. Statue de marbre au musée de l'Ermitage, à Saint-Pétersbourg.

Faune enfant. Statue.

Buste de M. Grobost.

Taureau aux prises avec un loup.

1847

Jeune Nereïde.

Buste de M. de Beaufort.

Buste de Madame Sabatier en dame romaine. Au musée du Louvre.

Enfants du marquis de Las Marismas. A la famille Aguado.

Femme piquée par un serpent. Appartient au duc de Grammont.

Louise de Savoie. Statue en marbre placée au jardin du Luxembourg.

Alfred de Dreux. Buste.

Georges Sand Au foyer de la Comédie Française.

Un Christ en marbre, buste. Appartient à M. Raoul d'Hotelans, château de Novilars.

1848

Buste de Chopin. Au musée Czartorisky, à Cracovie.

Bacchante, femme couchée. Achetée par le prince Demidoff.

La Fraternité, statue colossale commandée par l'Etat.

La Liberté, buste commandé par l'Etat.

Buste de Madame de L.

Buste de Madame de D.

Buste de Madame S. C.

Pierre Dupont, buste.

Couture, buste.

Ledru-Rollin, buste.

1849

Masque de Chopin. Au musée Czartorisky à Cracovie. Ce masque fut modelé par Clésinger sur le cadavre à peine refroidi.

Tombeau et masque de Chopin.

Dernière corde de la lyre, figure funéraire du tombeau de Chopin.

1850

Théophile Gauthier, buste.

Arsène Houssaye, buste.

Rachel dans *Phèdre*, buste.

Rachel dans le *Moineau de Lesbie*, buste.

1851

La Vierge et L'Enfant Jésus, groupe en pierre de Conflans, placé dans l'église Saint-Sulpice, à Paris.

La Cène, bas-relief. A l'église Sainte-Clotilde, à Paris.

Lever du soleil derrière la Butte-Montmartre, dessin au fusain et au crayon blanc. Appartient au Comte de Gramont. Au dessous du dessin sont écrits ces mots : *Quatre heures du matin, Butte Montmartre.* Au dos du dessin encadré, ces mots : *A Madame la Duchesse de Gramont, le sculpteur Clésinger.*

1852

Une statue de la Tragédie, marbre. Au péristyle de la Comédie Française.

Buste du général Sébastiani.

1853

Buste marbre de Madame ***.

Buste marbre de Mademoiselle ***.

Printemps. Jeune fille assise. Appartient à la maison Barbedienne.

Automne. Jeune fille assise. Appartient à la maison Barbedienne.

1854

Andromède, marbre. Commandé par l'Etat. Placé à Fontainebleau

*François I*er. Statue équestre commandée par l'Etat, exposée en plâtre en 1856 dans la cour du Louvre et dont il n'a été coulé qu'un petit nombre de réductions en bronze livrées au commerce.

Un modèle de cette statue gigantesque se trouve à Londres à Cristal-Palace, à côté d'une série de souverains anglais.

1856

Madeleine mourante. Statue couchée.

La campagne romaine, peinture, longueur 1m50, hauteur 0,60. A M. l'abbé Clésinger, curé à Bartherans (Doubs).

Les Ruines, peinture. A M. l'abbé Clésinger.

1857

Zingara, statue marbre. A M. Michel Heine, reproduite en bronze par Barbedienne.

Hercule enfant, statue en marbre envoyée de Rome à l'Empereur Napoléon III. Hercule étouffe des serpents.

Christ mourant.

1858

Sapho terminant son dernier chant. Statue de marbre reproduite en bronze par Barbedienne.

Jeunesse de Sapho. Statuette marbre.

Christ, buste. Au Vatican.

Charlotte Corday, buste.

Sapho victorieuse dans la lutte de poésie, marbre polychrome.

1859

Romaine transtéverine, buste.

Napolitaine des montagnes, buste.

Taureau romain, marbre. Au musée du Luxembourg.

Suzanne au bain, statue en plâtre, grandeur nature, mi-corps. Appartenant à M. Pache, sculpteur à Besançon.

Eve dans le Paradis terrestre, tentée pendant son sommeil, peinture.

Isola Farnèse.

Castel Fusano.

Campagne de Rome. Tableau acheté par l'impératrice Eugénie.

Le matin, tableau. A M. Isaac Pereire.

La muse de la peinture. Tête de romaine.

La muse de la sculpture.

Tableaux de chasse.

Deux paysages. A M. Boyer-Clésinger.

1860

Diane au repos, statue de marbre reproduite en bronze par Barbedienne, superbe figure. Diane est assise, un chien est couché à ses pieds.

Femme du Transtévère.

1861

Cornélie et ses enfants. Appartient à la maison Barbedienne, groupe reproduit en bronze.

Les Parques.

Cérès et Proserpine. Groupes composés d'après le fronton du Parthénon et restaurés d'après l'antique.

La mort de Cléopâtre. Appartient à la maison Barbedienne, reproduit en bronze par Barbedienne.

1862

La Femme au papillon. Collection Laurent Richard

Madeleine mourante.

1863

Environs de Rome, paysage, g[illegible]ds arbres, cours d'eau. Appartient à M. Leg[illegible] à Nancy.

Faune assis et Faunette, statu[illegible]es en marbre. A Mr F. B.

Bacchante, statuette en marbre. A Mr F. B.

Buste de M. Paul Dalloz.

1864

César, statue de dimension colossale. Achetée par M. de Girardin.

Combat de taureaux romains. Groupe en marbre, chez Lady Stephens, à Londres.

Bords du Tibre, peinture. A Madame Isaac Pereire.

Enfant jouant avec un cygne. Appartient à M. le chanoine Burlet, curé de Saint-Jean à Besançon.

Statue équestre de Napoléon Ier. Commandée par l'Etat.

Hélène, statue en marbre, reproduite en bronze par Barbedienne. Appartient à la Comtesse de Jumilhac.

Sapho, statue de marbre, reproduite en bronze par Barbedienne.

Statue équestre de Charlemagne. Commandée par l'Etat, brisée en 1871.

Statue de Georges Sand. marbre. Au foyer de la Comédie Française.

Statue du roi Jérôme, commandée par le prince Napoléon.

1865

Quatre groupes destinés au monument de la famille Napoléon, à Ajaccio.

La Femme à la rose. Achetée par M. Paul Dalloz.

Le Sommeil. Acheté par M. P. Dalloz.

1866

César et l'aigle.

Napoléon III, statue équestre en bronze. Au château de Chislehurst.

1867

Garniture de cheminée, représentant l'*Amour hésitant entre Madame de C.... et Madame de P....*

L'Amour, en bronze doré sur un socle en marbre.

Les deux figures de femmes en bronze doré sur un socle de marbre.

Deux brûle-parfums en marbre, ornés de bronzes et supportés par des tiges en bronze. Cette garniture appartient à M. d'I.... à Paris. Tout le marbre est gris perle foncé.

La Paix. Groupe équestre.

Sapho, statue polychrome. Achetée par M. Levavasseur.

1868

Cléopâtre devant César, statue de marbre avec pierres précieuses. Achetée par M. P. Dalloz, appartient à M. Desfossés, villa Saïd, avenue du Bois de Boulogne.

Cléopâtre offrant la fleur de lotus à Antoine, statue de marbre de 90 centimètres de hauteur. Appartient à la Comtesse de Jumilhac.

Danseuse aux cymbales, marbre. Appartient à M. Hunebelle.

Mort de Lucrèce. Achetée par M. E. de Girardin.

L'Attente. Femme voilée. Collection Laurent Richard.

Taureau vainqueur. Acheté par l'Empereur Napoléon III.

Jeunesse de Bacchus.

Hercule étouffant des serpents, placé au palier supérieur de l'escalier des Tuileries. Volé pendant la Commune.

Le triomphe d'Ariane. Acheté par M. Menier.

La Charmeuse.

Léda, marbre. Au palais de Fontainebleau.

Tortue et Chouette.

Buste de Pâris.

Buste d'Hélène. Collection Laurent Richard. Ces deux bustes ont appartenu à Madame Charcot.

1869

Paysage, grands arbres, cours d'eau, soleil couchant. Appartient à M. Estignard.

Bacchante, marbre. Acheté par M. Alexandre Dumas.

Femme à la rose. à M. Heine.

Sommeil. Acheté par M. Isaac Pereire.

Femme aux lierres.

Phryné.

Buste d'Ariane. Acheté par M. Emile de Girardin.

Judith.

Danseuse.

Jules César.

Sapho, reproduit en bronze par Barbedienne.
Lucrèce mourante.

1870

Faune et Faunesse.
Apollon à la lyre.
Diane au repos. Acheté par M. Pamard.
Nereïde.
Le Camélia.
Le Lys.
Diane au camée.
Rose du roi.
Reine de Saba.
Jeanne d'Arc.
Les Roses.
La Marguerite.
Holopherne.
Le Laurier rose.
La Violette.
La rieuse.
Cléopâtre mourante, statue couchée, reproduite en bronze par Barbedienne.
Buste de M. Paul Dalloz.
Bacchante sur le bouc marin. Acheté par M. Hermann Oppenheim.
Buste de la Liberté. Appartient à la ville de Bordeaux.

1871

La Nuit.

L'Amour vainqueur.

Hibou et crâne.

1872

Buste de M. Caraby.

La Jeunesse.

Projet de monument pour Châteaudun.

1873

La Comédie.

Statue équestre de l'Empereur François-Joseph en bronze.

La Bacchante au Thyrse, statue.

Ariane sur la Panthère.

Europe sur le taureau.

1874

Persée et Andromède.

Nessus et Déjanire.

Le jour.

Le sommeil de Diane Acheté par M. Oscar Falateuf.

L'Amour vainqueur.

Nouveau combat de taureaux. Le marbre a été acheté par M. Jefly Le bronze est au musée de Bruxelles.

Poésie lyrique et Poésie dramatique.

Bustes.

Torchères. Deux femmes. Le marbre a été acheté par M. de Girardin.

Deux lions.

Bufle et Bison.

Delphine Gay, buste.

Georges Sand, buste.

Jules César, buste.

Femme piquée, terre cuite.

Monuments d'Auber et de Frédéric Soulié.

1875

Madame Ratazzi, buste.

Théodore Rousseau, buste.

Taureau romain. Au musée de Lille.

1876

La France, buste en bronze.

Portrait du général de Cissey, buste plâtre.

1877

La danseuse aux castagnettes, statue bronze.

Salomé et Hérodiade, bustes.

Tête de Saint Jean-Baptiste. Acheté par M. Oscar Falateuf.

1878

Le Maréchal de Mac-Mahon, statue équestre.

Statue colossale de la République, commandée pour l'Exposition universelle de 1878.

La République, buste. Au Sénat.

M. Henri Houssaye, buste.

Madame de C..., buste.

L'Enlèvement de Dejanire.

La délivrance d'Andromède.

1879

Statue de M. Thiers. achetée par la ville de Marseille. Au palais de Longchamps.

Portrait de Madame C...., terre cuite.

La comédie d'Alfred de Musset, terre cuite.

1880

Modèle d'une fontaine monumentale pour la ville de Lyon. Appartient à la ville.

1882

Projet de monument à Victor Hugo.

Grandes statues équestres représentant Kléber, Hoche, Marceau et Carnot.

Hoche a été exposé au salon de 1883. Marceau a été exposé devant l'une des portes du Palais de l'Industrie.

Marceau et Kléber sont placés à l'école militaire de Saint-Cyr.

Femme assise sur un lion.

Projet de monument à la mémoire de la Fayette. Commandé par l'ambassadeur des Etats-Unis.

Le taureau romain, pages 77 et 78.

TABLE DES PHOTOTYPIES

TABLE DES CHAPITRES

DU MÊME AUTEUR

MILLOT ET SES ŒUVRES. Besançon, 1857.

LA MAINMORTE. Besançon, 1865.

PARLEMENTAIRES AU XVIIIe SIÈCLE. Besançon, 1866.

LE PARLEMENT MAUPEOU. Besançon, 1867.

LA FACULTÉ DE DROIT. Un vol. in-8°. Paris. DUMOULIN, 1867

LE DEVOIR. Limoges, CHATRAS, 1871.

RÉPUBLIQUE ET GUERRE. Un vol. in-12. Besançon, JACQUIN, 1872.

CORRESPONDANCE INÉDITE DE CHARLES NODIER. Librairie du *Moniteur Universel*, 1876.

DISCOURS PARLEMENTAIRES. Besançon. DODIVERS, 1879.

ESSAIS ET NOTICES. Besançon. DODIVERS. 1879.

PORTRAITS FRANC-COMTOIS Première Série. Deux vol. in-8°. Paris. CHAMPION, 1888.

PORTRAITS FRANC-COMTOIS. Deuxième Série. Un vol. in-8°. Paris. CHAMPION, 1890.

RÉFLEXIONS D'UN INDÉPENDANT. Besançon. JACQUIN, 1890.

LE PARLEMENT DE FRANCHE-COMTÉ. Deux vol. in-8°. Paris, PICARD, 1892.

XAVIER MARMIER. Un vol. in-8°. Paris, CHAMPION, 1893.

JEAN GIGOUX Un vol. in-8°. Besançon, DELAGRANGE, 1895.

GUSTAVE COURBET. Un vol. in-8°. Besançon, DELAGRANGE, 1896.

HENRI BARON. Un vol. in-8°. Besançon, DELAGRANGE, 1898.

GALERIE

DES

PEINTRES & SCULPTEURS COMTOIS

OUVRAGES DÉJA PARUS

JEAN GIGOUX, un volume in-8.
GUSTAVE COURBET, un volume in-8.
HENRI BARON, un volume in-8.

EN COURS DE PUBLICATION

ADRIEN PARIS
EDOUARD BAILLE, FAUSTIN BESSON, FRANCESCHI,
WIRCH, LANCRENON, GRESLY

DEUXIÈME SÉRIE

LES ARTISTES VIVANTS

GIACOMOTTI
GÉROME, CHARTRAN, COURTOIS, ISEMBARD
BECQUET

BESANÇON. — TYPOGRAPHIE M. DELAGRANGE-LOUYS

www.ingramcontent.com/pod-product-compliance
Ingram Content Group UK Ltd.
Pitfield, Milton Keynes, MK11 3LW, UK
UKHW022055260726
13993UKWH00001B/132

9 782329 283791